未来運命Mapから現在(いま)をナビゲーション

［サイキック］
数秘リーディング

「ライフレッスン数×9年サイクル」で
宇宙の流れに乗る！

マックス・コッパ 著

伊藤仁彦 訳

人生の羅針盤となる**数秘術**の 使い手になりましょう！

数秘術は、この世界で生きていくために必要不可欠なツールです。

自分の道を見つけるためにまず、自分を理解することです。
そうすれば、他人を理解することはもっと楽になります。
これは占星術、タロット、手相、数秘などを使って達成可能です。

数秘術が初心者には一番、わかりやすいでしょうし、いつでも、どこでも使うことができます。子供のときから数えることを誰もが学ぶので、数を使った数秘術はすべての人が使えます。

数のより深い意味を知ってください。

二千数百年前、ピタゴラスは数を使って人生の意味に取り組みました。それは、あなたにもできます。
数秘術を知れば、数の内なる意味を知り、愛、人間関係、ビジネス、健康、スピリチュアリティ、宗教、お金、子供、旅、もっともっといろんなことを理解することができるのです。
こういうことを素早く、正確に分析できるのです。

あなたに関連する数に取り組めば、あなたの能力、潜在力、強さ、弱さを分析でき、特にパーソナリティを分析することに価値のあるツールとなります。

自分が左脳的な思考（論理的、現実的、ビジネス志向）または右脳的な思考（直感的、クリエイティブ、アーティスティック）なのかを知ることもできます。たとえば、あなたが右脳的な思考であり、左脳的な分野（経理、科学など）で仕事をしている場合、あまり満足はないかもしれません。

数とシンプルな計算を使い、あなた、人、あなたの人生、その他もっと多くのことに回答を得ることができます。

さまざまな数の公式を使い、可能性の扉を開き、あなたの最大の潜在力と人生の方向性への洞察を持てるのです。
あなたの誕生日によって本当のあなたと方向性の設計図を簡単に知ることができます。

数はジグソーパズルと同じです。
すべてを合わせれば、ストーリーを語る絵を作り出すのです。

数秘はあなたの資質、潜在力、強さ、弱さへの完全な絵と洞察を提供してくれます。正確にあなたの人生の方向性を強化することに役立つツールです。

マックス・コッパ

contents

人生の羅針盤となる数秘術の使い手になりましょう！ …2

序章　数字に隠されたバイブレーションと運命のサイクルを知る …7
カバラのゲマトリア×ピタゴラス学派を基本に誕生した宇宙数秘術 …8

第1章　数秘術の基本的仕組みと割り出し方 …11
数秘術の基本 …12
ライフレッスン数と一桁の数字1から9は何を意味するか？ …14
　1の意味（男性的数）／2の意味（女性的数）／3の意味／4の意味（男性的数）／5の意味（男性的数）／6の意味（女性的数）／7の意味／8の意味（男性的数）／9の意味（女性的数）
ゼロが持つ意味とは？ …43
数から見えてくる健康問題 …45
男性的数と女性的数の特徴 …47
マスターナンバーである11、22、33、44について …48
　11の意味／22の意味／33の意味／44の意味
生れた日による傾向を数字で見てみましょう …61

第2章　数秘術をどのように応用して実践するか …69
ライフレッスン数による効果的なトレーニングと能力開発 …70
隠されたキャラクター「気質数」とは？ …74
数秘表を使って人生の意味を明らかにしましょう …76
　◇8つのライン：各組み合わせのポジティブとネガティブの解説／◎1と4と7の組み合わせ（実用主義線）／◎7と8と9の組み合わせ（スピリチュアリティとクリエイティブ線）◎3と6と9の組み合わせ（思考と知性線）／◎1と2と3の組み合わせ（自信線）／◎2と5と8の組み合わせ（感情的バランスと富の線）／◎1と5と9の組み合わせ（やる気と達成線）／◎3と5と7の組み合わせ（アイディアとイニシアティブ線）／◎6と5と4の組み合わせ（愛と欲望線）／◇あなたにはラインがない？◇群れのリーダー／ライフレッ

スン数を数秘表に使う／数秘表を使って互いの相性を見る／数秘表で見る女性的数、男性的数／バランスの悪い数秘表／各数が欠けている場合／あなたの課題、隠された潜在力を数から知る／隠された数（チャレンジ数）が語るあなたの具体的な課題／あなたの数秘表を作成しましょう！

第3章　9年サイクルから人生のリズムを読み解く … 109

人生には9年周期のサイクルがある … 110

あなたの今年のサイクルを計算しましょう／ユニバーサルイヤーナンバーによるサイクルの説明／月ごとに計算して1年を通したサイクルを知る／あなたの月ごとのサイクル表を作成しましょう！

第4章　成功と幸せに導かれる黄金の数秘術活用法 … 127

人生とビジネスで成功するために数秘術はこうして使う … 128

ベストなタイミングで人にアプローチする

あなたの人生の転機を知る方法があります … 131

大切なポイント！　運命の手綱を握るのは数ではなくあなた自身 … 133

数秘術を使って子供にどう対処するか … 134

2000年以降に生まれた子供たちの事例

名前を数秘術で読み解く … 140

住所の番地番号を数秘術で分析してみましょう … 141

最終章　サイキック×数秘術で近未来3年をリーディング … 143

各ライフレッスン数の3年間の傾向と対策 … 144

ライフレッスン数1の2018年／ライフレッスン数1の2019年／ライフレッスン数1の2020年／ライフレッスン数2の2018年／ライフレッスン数2の2019年／ライフレッスン数2の2020年／ライフレッスン数3の2018年／ライフレッスン数3の2019年／ライフレッスン数3の2020年／ライフレッスン数4の2018年／ライフレッスン数4の2019年／ライフレッスン数4の2020年／ライフレッスン数5の2018年／ライフレッスン数5の2019年／ライフレッスン数5の2020年／ライフレッスン数6の2018年／ライフレッスン数6の2019年／ライフレッスン数6の2020年／ライフレッスン数7の2018年／ライフレッスン数7の2019年／ライフレッスン数7の2020年／ライフレッスン数8の2018年／ライフレッスン数8の2019年／ライフレッスン数8の2020年／ライフレッスン数9の2018年／ライフレッスン数9の2019年／ライフレッスン数9の2020年

訳者あとがき … 170

ブックデザイン　設樂みな子
校正　麦秋アートセンター
企画協力　IBOK Japan

Numerology: Working with Numbers
Copyright © 2015 Max Coppa

序章

数字に隠された
バイブレーションと
運命のサイクルを知る

カバラのゲマトリア×ピタゴラス
学派を基本に誕生した宇宙数秘術

フランスの写実主義の小説家であったオノレ・ド・バルザック
(1799 – 1850) は数に関する会話の中で、
「数がなければ、私たちの文明の建造物はバラバラになってしまう」と言いました。
数は私たちの人生に多くの影響を与え、最古の数秘術がその1つです。
いつ数秘術が未来を予言するために使われるようになったのかは誰も知りません。

古代カルデア人、エジプト人、アッシリア人、バビロン人、ギリシャ人、ヒンドゥー人、ヘブライ人すべてが数秘術的なシステムを発展させ、現在まで数秘はさまざまな専門家と文化によってアップデートされ、拡大され続けています。

カバラの数秘術のゲマトリア（ヘブライ語による数秘術）は、ヘブライのアルファベットの22文字を使い、そこに数を当て、聖書の隠された意味の解読、人の本質と運命の名前による分析に使用され、現在の数秘術の大きな源流となっています。

ゲマトリアはアラビア数字を提供し、ピタゴラス学派は数のそれぞれの意味を解釈し、それにユダヤ教とキリスト教の情報を

加えて数秘術が誕生しました。

数秘術を扱う人は、私たちは特定の日、時間に生まれるのは偶然ではなく、重要なレッスンを学び、生きている間に特定のことを成し遂げるためだと信じています。誕生時に存在するバイブレーションと状況は、私たちが人生の使命を全うするのに好ましいのです。

数秘術は名前と誕生日を数にし、昔ながらの命題を解決する手助けをします。「私は誰か？」ということであり、数秘術を学ぶと、客観的で偏見なく自分を知ることができ、自分の中にある能力と才能に気づくのです。

また、自分を制限していることに気づくだけではなく、何を最適にできるのか、どうやって運命を全うできるのかを知ることができるのです。
人生のサイクルを知り、未来に備えることもできます。待ち構えているものの可能性を前もって知ることができるのです。それだけではなく、もっと多くのことが可能です。

辛抱強さと理解力を持てば、自分の数は、私たちの存在の暗号を解く手がかりとして使えるのです。

数秘術はピタゴラスの信念を取り込んでいます。
すべては数字で解明できるということです。
なぜならば、すべてのことは究極的に数にまとめられるためで

す。

数秘術では通常、1から9までとマスターナンバーである11、22、33、44を使い、これらの数字は人生に起きるあらゆる経験を表現しています。

思考が現実になるさまざまな段階をシンボル的に意味しており、これらの数の意味を現実にあてはめれば、人生をより大きく理解することに役立ちます。

数秘術の基本は、非常にシンプルな算数です。

memo

第1章

数秘術の基本的仕組みと割り出し方

数秘術の基本

数秘術は通常、1から9までとマスターナンバーである11、22、33、44を使います。11、22、33、44は一桁にしません。それ以外は、連続する数を1つ1つに分解し、それを使って数秘術は行います。

あなたの生年月日、それはトップラインと呼ばれます。
たとえば1974年2月13日は1974.02.13となります。
生まれた日はデイナンバーと呼ばれます。これは13です。
生まれた月はマンスナンバーと呼ばれます。これは2です。
生まれた年はイヤーナンバーと呼ばれます。これは74です。
デイナンバー＋マンスナンバーはあなたの気質数です。1＋3＋2＝6となります。

誕生日であるトップラインの数字をすべて足すと、
1＋9＋7＋4＋2＋1＋3で27となり、これがセカンドラインです。
2＋7は9となり、ライフレッスン数と呼ばれます。

トップライン	1974.02.13
気質数	2＋1＋3＝6
セカンドライン	1＋9＋7＋4＋2＋1＋3＝27
ライフレッスン数	2＋7＝9

◎ デイナンバー

これはあなたの外面の人格を示し、人に自分をどう出している
かを知ることができます。

◎ マンスナンバー

これはあなたの隠された人格を示し、内面ではあなたにとって
何が重要かを示しています。

◎ イヤーナンバー

あなたのキャリアの潜在力、富、セクシャリティを示し、それ
をあなたはどういう行動で実現するかを示しています。

◎ セカンドライン

ライフレッスン数になるために１桁になる前の数であり、十分
な潜在力に達するために取り組むべき問題を示しています。

◎ ライフレッスン数

人生のよいとき、悪いときにどう対処するかを示します。人生
の旅を全うするために何に向かって努力をすべきかを示してい
ます。

◎ 隠されたチャレンジ数

あなたがまだ使っていない潜在力を開花させ、理解するために
重要です。これは後で説明します（第２章104Pを参照）。

ライフレッスン数と一桁の数字
1から9は何を意味するか？

一桁の数の意味をここから説明します。
トップライン、セカンドライン、気質数またはライフレッスン数で出てくる数、すべてにあてはめて解釈が可能です。
ライフレッスン数の場合、その数の意味がもっと強くなるか、深くなります。
誕生日の中に同じ数がある場合、その数の意味がより強くなります。

1の意味（男性的数）

事例
1957年12月3日生まれ
1＋9＋5＋7＋1＋2＋3＝28＝10＝1（ライフレッスン数）
1957年11月1日生まれ（1の数字が多い例）

ポジティブな面
活動的、行動的、積極的
生まれながらのリーダー
自立心が旺盛

ネガティブな面
頑固、強情
気短か、せっかち、いらいらしがち
自己中心的、利己的

1が過多の場合
生年月日に1が3つ以上あると、よりやる気にあふれますが、辛抱強さがなくなります。エネルギーが過多です。競争心が強く、集中するのが難しくなります。事故に遭遇しやすくなります。

特徴
1の数が多い人は過剰反応をし、押しが強く、でしゃばりで強情で、わがままです。群れのリーダーであり、生まれながらに

第1章　数秘術の基本的仕組みと割り出し方

情熱とやる気があります。1が多い人にはポジティブで正確な接し方が必要です。クリアなゴールを示し、すぐに報酬を与えることを約束する必要があります。

適職

セールス、警察、プロのアスリート、消防士

職場

情熱にあふれ、屈強で率先するのが好きです。新しいアイディアを素早く理解しますが、厳しい監督官となり、辛抱強さがありません。細かいことが不得意であり、間違っているときに指摘されるのを嫌います。1の人には辛抱強さを持って接してください。いずれ自分で間違いは修正する人です。スタッフに1の人がいるなら、1の人はアクティブで、エネルギーにあふれるチームで働くのが好きです。強さ、団結力が必要であり、同じような人たちが周囲にいれば最高にうまく働ける人です。努力したことに対して認められたい人です。シンプルにありがとうと言ってあげると、長くやっていけます。

強さ

持久力、スタミナ、献身さ、専心、勇気、リスクをいとわない

弱さ

衝動的、激しい、自信過剰、自己中心的

やる気になるもの

人を先導すること、チャレンジを与えられること、ゴールや締切などを設定されること

やる気をそぐもの
先延ばしにされること、抵抗、抑圧、能力ややる気のないチームで働くこと

ポイント
誕生日に1を多く持つ人、たとえば1957年11月1日生まれの場合、ライフレッスン数が1の人のことをよく理解できる傾向があります。

memo

2の意味（女性的数）

事例
1960年2月20日生まれ
1＋9＋6＋0＋2＋2＋0＝20＝2（ライフレッスン数）
1962年2月22日生まれ（2の数字が多い例）

ポジティブな面
感情的、情にもろい、感激しやすい
パートナーシップ、結婚を必要とする
温和、穏やか、ソフト

ネガティブな面
センシティブすぎ
過保護すぎ
簡単に傷つく

2が過多の場合
生年月日に2が3つ以上あると、とてもセンシティブで傷つきやすく、感情的になります。感情的な問題か恋愛（人間関係）に影響を受けやすく、子供にとてもフォーカスします。2はソフトな数です。女性から注目を浴びる、女性に面倒を見てもらう、ケアされる数です。2が多い場合、母親との感情的な問題を抱えやすく、母親の影響を受けすぎる傾向があります。常に女性が周囲にいるタイプとなり、男性の場合は女性との浮気が問題になる傾向があります。

特徴

面倒見がよく、思いやりがあり、優しく、ときにセンシティブすぎる人です。仕事でプレッシャーがありすぎると脱落し、プライベートに影響を受けます。その逆もしかりです。友人、チームメイトとの交流が得意であり、グループにバランスをもたらすことを得意とします。

適職

面倒を見るもの、育むもの、看護、介護、医術関連、カウンセリング、ヒーリング

職場

2の上司は気持ちがやわらかく、敏感であり、強いやる気を持っていない傾向があります。達成することがあまり得意ではなく、自分を律することが下手であり、スタミナもあまりなく、ゴールに到達することができない傾向があります。とても思いやりがあり、スタッフの問題にも同情します。スタッフで2を持つ人がいる場合、そういう人はチームプレイがうまく、周囲の人たちをサポートします。成功と達成を志向せず、感情的に求めるものに従って動き、仕事に影響を及ぼし、脱線してしまうことがあります。

強さ

頼りがいがあり、支える心があり、責任感があります。適切な役割をしていれば、とても役立つ人です。心から人への思いや

りを持ち、親切で世話好きです。

弱さ
ほぼいつも感情的に不安定であり、非難に対して気分を害し、悪く解釈します。非常にセンシティブであり、過剰反応する傾向を持ちます。バランスが崩れると手におえない傾向を持ちます。

やる気になるもの
プレッシャーや締切のない、フレンドリーで親切な環境で働くとやる気を持ちます。ポジティブでハッピーなチームの中で仕事をすると最高に力を発揮できます。

やる気をそぐもの
目標、締切、プレッシャー、高い期待、ランチ休憩がないこと

ポイント
誕生日に２が多い人、たとえば1962年２月22日生まれのような場合、ライフレッスン数が２の人のことをよく理解できる傾向があります。

【ケーススタディ】
ジョンの生年月日：1942年２月４日
1+9+4+2+2+4=22

ジョンは1942年２月４日に生まれました。会計事務所を経営し

ています。私（著者）は、ジョンはおおらかであり、クライアントにソフトすぎると伝えました。

ジョンは2が2つあり、22のライフレッスンなので非常にソフトであり、母親の影響を受けています。ジョンは過保護すぎる母親との苦しみを経験しており、それが人間関係に影を落としていました。いつも父親にリスペクトされることを求めていましたが、それは無理でした。おおらかでソフトすぎ、リスペクトされることを求めるので、それが人を依存させ、ジョンの人としてのよい部分を利用されていました。クライアントはビジネスでジョンを利用し、きちんと支払いをしませんでした。

この傾向はプライベートにも及び、離婚を招き、ジョンは不幸で不健康な人間になりました。私は、彼の生年月日からこれらのことを伝えたのでジョンは驚きました。その通りだと言いました。

私のジョンへのアドバイスは、自分で会計事務所をするのを辞め、サラリーをちゃんと払ってくれる企業で働き、ボスとしてではなくチームの一員として働くことでした。人前で話すコースと過去の問題を克服するカウンセリングがプライベートでは役立ち、人生を元に戻すことができました。ジョンは自分の課題に気づき、自分で人生の手綱を握り、雑に扱われないことを明確にしました。健康も改善していきました。

3の意味

事例
1995年8月25日生まれ
1＋9＋9＋5＋8＋2＋5＝39＝12＝3（ライフレッスン数）
1973年3月23日生まれ（3の数字が多い例）

ポジティブな面
話し好き
機転が利く、頭の回転が速い
自分を表現する

ネガティブな面
声が大きい
注目されることを求める
話し言葉がアグレッシブ

3が過多の場合
生年月日に3が3つ以上あると、おしゃべりで社交的ですが、べらべら話すだけの傾向を持ちます。現実に直面していないか、物事を完了しなくなります。

特徴
3の人は生まれながらにコミュニケーターです。書き言葉、話し言葉を得意とします。人と交流することが好きであり、パーティが大好きです。人前に出ることをいとわず、人にどう影響

を与え、人をどう支配したらいいのかを知っています。スポットライトが当たり、人が前にいれば、最高に力を発揮できます。引き受けすぎる、やることがたくさんありすぎると話し言葉がアグレッシブになる傾向を持ち、思いやりに欠ける面もあります。

適職

報道関連、販売、メディア、ホスピタリティ、グラフィックデザイナー

職場

３の上司は頭の回転が速く、知性的で人をやる気にさせるのが上手です。考える前に話してしまい、話しすぎてしまう傾向があります。スタッフに３の人がいるなら、こういう人は話すのが好きであり、機転が利き、頭の回転が速く、自分をきちんと表現するので一緒にいると楽しいです。多忙なチーム環境で働くのを好み、多くの人との交流ができます。

強さ

説得力、決断力があり、影響を与えるのが好きです。交渉も好きです。人のやる気を刺激し、生まれながらのコミュニケーターです。

弱さ

噂話好きであり、人に注目されることを求めています。声が大きく、騒がしく、人を非難することもあります。挑まれること、

何かに関して決めたことを先延ばしにされるのが好きではありません。

やる気になるもの
アイディアを表現してくださいと言われるとやる気が出ます。さえぎられたり、挑まれたりせずに自分のやり方で表現することを好みます。自分のアイディアを表現でき、それを達成すること、そこに大きな満足を感じます。

やる気をそぐもの
悩まされたり、困らせられたり、非難されたり、細部にわたって管理されるのを好みません。狼狽すると、周囲の人たちを乱す可能性があります。人と交流し、自分の意見をきちんと言えないとやる気をなくします。

ポイント
誕生日に多くの3がある1973年3月23日生まれの場合、ライフレッスン数が3の人のことをよく理解できる傾向があります。

‖ 4の意味（男性的数）

事例
1962年3月19日生まれ
1＋9＋6＋2＋3＋1＋9＝31＝4（ライフレッスン数）
1974年4月14日生まれ（4の数字が多い例）

ポジティブな面
枠にはまった、型にはまった、ルールに従う
きちんとしている、几帳面
一生懸命に働く

ネガティブな面
頑固、強情
かたくな、融通が利かない
変化しない、柔軟性に欠ける

4が過多の場合
生年月日に4が3つ以上ある場合、頑固で変わらない、オープンさがなくなり、健康問題を抱えやすくなります。とても肉体派になり、気が強く、人との交渉が難しくなります。父親の影響もネガティブ、ポジティブどちらの意味でも強くなります。

特徴
4の人は秩序とシステムを好むまとめ役、立案者です。勝気で、快活であり、粘り強さを持っています。一生懸命学び、簡単に

あきらめず、混乱に秩序をもたらし、チームで働くアリのような人です。挑まれたり、間違っていると言われたりすることを好みません。有言実行する人です。

適職
建築と建設、不動産、農業、貿易、会計、機械関連

職場
4の上司はアプローチ法が少し柔軟性に欠けています。頑固ですが、ゴールを達成するためにスタッフと取り組みます。4のスタッフは約束したことを果たし、勤勉です。一生懸命に働く人であり、職場では信頼できます。献身的であり、信頼でき、強い労働倫理を持っています。

強さ
時間を厳守する、一生懸命に働く、規律を守る、現実的で実務に向く

弱さ
頑固であり、強情で指示を嫌います。挑まれると破壊的であり、柔軟性に欠けるところがあります。

やる気になるもの
クリアなゴールを示され、一生懸命に生産的に働くチームで働くこと、組織化された構造のもとで安定的にやるべきことを知った上で働くこと、他の人たちよりも単調な仕事を続けられま

す。

やる気をそぐもの
いじめ、状況の変化、こなしている仕事のスタッフの入れ替え
と邪魔、自分の心地よい、慣れ親しんだエリアを超えて対処す
ることは困難です。

ポイント
誕生日に 4 が多い人、たとえば1974年 4 月14日生まれの場合、
ライフレッスン数が 4 の人のことをよく理解できる傾向があり
ます。

memo

５の意味（男性的数）

事例

1958年11月25日生まれ

$1+9+5+8+1+1+2+5=32=5$（ライフレッスン数）

1955年9月5日生まれ（5の数字が多い例）

ポジティブな面

リーダーシップ

拡大

旅

ネガティブな面

エゴイスティック

威圧的、威張る

わがまま、ふけりすぎる

５が過多の場合

生年月日に５が３つ以上ある場合、自信過剰となり、何を犠牲にしても成功しようとします。落ち着きがなく、健康問題を抱え、食べること、飲むこと、ドラッグ、セックスなどが過剰になります。

特徴

５は数秘表のリンクナンバーであり、すべての数をつなぎます（76ページの数秘表を参照してください）。誕生日に５がある場

合、パワフルです。エネルギッシュ、カリスマ的、先導するのが好きです。よい上司になる素質があり、情熱的でどんな仕事もいといません。自分の価値を知っています。周囲に品のよい、よいものを置くのが好きであり、それを実現します。人のフィーリングに鈍感なところが少しあり、やる気がなくなるときがときどきあります。上司でありたい人です。

適職

ビジネス、金融、法曹、医療、パイロット、エンジニアなどですが、挑みがいがあり、達成できるならほとんどの仕事が合います。

職場

5の上司は生まれながらにリーダーであり、達成と成功を好みます。冒険的であり、選択した分野でベストになる努力をします。5のスタッフは楽観的であり、ユーモアのセンスを持ち、物事を大きくとらえる人で情熱的であり、仕事にプライドを持っています。生まれながらに管理能力と献身さを持つので管理しやすい人です。

強さ

ビジネスに卓越し、新しいコンセプトを素早く理解し、野心的で過去よりも未来にフォーカスします。アイディアにあふれ、強い職業倫理感を持ち、きちんと自分を出せます。

弱さ

身勝手、ふけりすぎる、エゴイスティック、細かいことを気にしない、注目されたい、権力を持つ人に挑む

やる気になるもの
マイレージプログラム、インセンティブ（目標達成での報酬）、旅、潜在力を広げること、未来のキャリアのチャンスと名声

やる気をそぐもの
落ち着かない不安定さ、理解されない、よさを認めてもらえない、感謝されない、きちんとお金をもらえない、価値を認めてもらえない、不満足な役割をすること

ポイント
誕生日に 5 を持つ人、たとえば1955年 9 月 5 日生まれの場合、ライフレッスン数が 5 の人をよく理解できる傾向があります。

▌6の意味（女性的数）

事例
1972年11月30日生まれ
1＋9＋7＋2＋1＋1＋3＋0＝24＝6(ライフレッスン数)
1963年6月16日生まれ（6の数字が多い例）

ポジティブな面
バランス
調和
愛

ネガティブな面
怠惰
身勝手
虚栄心、うぬぼれ

6が過多の場合
生年月日に6が3つ以上ある場合、怠惰でやる気がなく、虚栄心に満ち、外見だけにとらわれるようになります。自分のことしか考えなくなり、人への思いやりを持ちません。不安定になります。

特徴
6はバランス、愛、美を意味しています。6の人はよい容姿とパーソナリティを持つ傾向が強いです。フィーリングが強い人

第1章　数秘術の基本的仕組みと割り出し方

たちであり、人に受け入れられ、好かれる必要がありますので、人に合わせようとします。プレッシャーがあったり、仕事を一生懸命やる必要がある場合、人をうんざりさせます。意図は悪いものではありませんが、明らかなことを見落とすことがあります。職場では仲裁人であり、リーダーよりも歩兵です。

適職

ファッション、インテリアデザイン、アンティーク、建築、アート、花屋など美、バランス、クリエイティブさがあるものが合っています。

職場

6の上司は思いやり、理解、献身さがありますが、人に支配され、利用される傾向を持っています。6のスタッフは身なりがきちんとしていて、こぎれいで、快活です。オフィスの中のやる気を刺激し、チームを統合し、ゴールを達成する手助けをします。

強さ

注意深い、明るい、頼れる、カリスマ的、ハッピーでバランスがよく素晴らしい気質を持ちます。

弱さ

怠惰、やる気がない、自意識過剰、プライベートが仕事の邪魔になる、身勝手、虚栄心が強い

やる気になるもの
洗練されたやり方があり、魅力的で気持ちのいい環境で働くのを楽しみます。仕事と人生のバランスが取れていることを好み、人に高い目線で語りかけるのではなく、相手のフィーリングを読みながら語りかけることで能力を最大に発揮する不思議な能力を持ちます。

やる気をそぐもの
非現実的期待、感謝されない、よさをわかってもらえない、理解されない、働きすぎること、誤解、外見のよくない環境で働くこと

ポイント
1963年6月16日のように誕生日に6が多い人はライフレッスン数が6の人をよく理解できる傾向があります。

7の意味

事例
1972年2月4日生まれ
1＋9＋7＋2＋2＋4＝25＝7（ライフレッスン数）
1977年5月17日 （7の数字が多い例）

ポジティブな面
人道主義的、博愛的
知的
未来志向

ネガティブな面
論争的、理屈っぽい
許容しない、偏狭
挑戦的

7が過多の場合
生年月日に7が3つ以上ある場合、許容しなくなり、頭のいい人とだけしか付き合わなくなります。一生懸命働くより、トップの仕事だけがしたいと思うようになります。集中力に欠け、認められたいと願います。神経の問題と睡眠障害を抱えやすくなります。

特徴
ライフレッスン数が7の人はアイディアの人であり、いつも考

えています。頭の悪い人たちを相手にせず、周囲に知的な人たちを置きます。そうではないと、憤りを感じます。シンクタンクのような人であり、ブレインストーミングには力を発揮します。頭の回転が速く、問題を簡単に解決します。かんしゃくを起こしやすく、友人、チームメイトとして7の人にはポジティブ、正確、クリアさを持って接することです。

適職

コンピュータ、科学、グラフィックデザイン、発明者、広告とメディア、チャレンジをともなう頭を使うチャンスがあるもの

職場

7の上司はスマートな人です。いろんなアイディアがあり、変化を好み、チャレンジのともなうプロジェクトに関わるのが好きです。7のスタッフはクリエイティブであり、新しいアイディアを多く持ち、率先してやります。頭がよく、頭の回転も速く、聡明で知的な人たちとチームとして働くのが不可欠です。ブレインストーミングが好きであり、問題とストレスのあるときに頼りになります。

強さ

非常に頭がよく、どんな問題も取り組めます。インスピレーションを与え、ダイナミックさを持っています。

弱さ

疲労困憊することがあります。論争好きであり、辛抱強さがな

く、偏狭で、知ったかぶりをします。7の人がバランスを見つける手助けをしたいなら、3の人と組ませるとよいでしょう。3の人はアイディアを表現することを刺激します。

やる気になるもの
チャレンジがあるとやる気が出ます。制限を持たず、大きく考えるように促されるのが好きです。あらゆる分野で自由を好み、自由にやっていいよと言われると最も生産的になれる人です。

やる気をそぐもの
平凡な変化のないもの、同じことを繰り返し、退屈で刺激のない環境で働くこと、アイディアを表現することができず、何ができるかを示すチャンスがない環境

ポイント
1977年5月17日生まれなど生年月日に多くの7がある場合、ライフレッスン数が7の人をよく理解できる傾向があります。

8の意味（男性的数）

事例
1938年7月25日生まれ
1＋9＋3＋8＋7＋2＋5＝35＝8（ライフレッスン数）
1938年8月28日生まれ（8の数字が多い例）

ポジティブな面
お金
ビジネスセンス
力を使えること

ネガティブな面
物質的
アグレッシブ
支配
怒り

8が過多の場合
生年月日に8が3つ以上ある場合、お金、力、セックスだけが
動機になります。アグレッシブさで人を打ち負かそうとします。
怒りも多い人になります。

特徴
パワーナンバーの1つです。8の数を持つ人は原動力であり、
リスペクトを求め、導くために生まれています。チャレンジを

必要とし、成功志向であり、物質的な富（車、家など）がやる気のもとになります。生年月日に8が多すぎると（3つ以上）短気になり、アグレッシブで権力欲が強くなります。

適職
金融、銀行、エンジニア、鉱業、大きなプロジェクト、何か大きなことを生み出すこと、投資

職場
8の上司は力のあるポジションを好み、エゴで動きます。卓越するのが好きであり、要求が多く、ダイレクトです。ペースが速く、すべての人に同じことを期待しています。8のスタッフは支配的であり、力のあるポジションを好みます。お金に関して抜け目なく、きちんと判断ができ、ビジネスの交渉事には現実的な人です。

強さ
力を持ち、粘り強く、意思が強く、献身的であり、タフです。生き方を通して模範となり、気が散ることがありません。

弱さ
身勝手、威張り散らす、強欲、権力志向、企てをする、共謀する

やる気になるもの
お金、力、地位、支配とステータス、人の注目を浴びること、

褒め言葉、仕切ること

やる気をそぐもの
支配と権力がない状態、発展性がない状態、人に大切にされない状態

ポイント
1938年8月28日生まれのように8が生年月日に多い場合、ライフレッスン数8の人をよく理解できる傾向があります。

memo

┃ 9の意味（女性的数）

事例

1983年7月8日生まれ

1＋9＋8＋3＋7＋8＝36＝9（ライフレッスン数）

1946年9月19日生まれ（9の数字が多い例）

ポジティブな面

直感的

深く考える

内省的、内観的

ネガティブな面

落ち込み

秘密主義、打ち解けられない

妄想的、疑り深い

9が過多の場合

生年月日に9が3つ以上ある場合、分析し、考えすぎるように
なり、打ち解けず、何かに固執／執着するような傾向になりが
ちです。心理的問題を抱えやすくなります。内にこもり、ヘビ
ーな感じとなります。

特徴

9の人は深く考え、策士、戦術家であり、プランナーでもあり
ます。内省的であり、センシティブで多くの洞察を提供できま

す。人前に出るよりも裏方であれば力を発揮でき、プロジェクトを指揮し、達成します。直感的であり、見逃すことはほとんどありません。物静かであり、オープンなコミュニケーターではありません。問題に直面した場合、どうやって9の人たちを動かすことができるかをちゃんと知っておかないと、この人たちは自分たちのやり方を変えません。あなたはあなたのアイディアを表現し、相手にそのアイディアをちゃんと理解させる時間を持ち、その後、ちゃんと話し合う必要があります。そうすれば、摩擦を避けられます。9の人が何かに同意していないようなら、それをちゃんと引っ張り出さないと、恨みを抱かれます。時間をかけ、コミュニケーションをする必要があります。

適職
株式市場、ビジネス分析、投資市場、心理学、精神医学、法医学、探偵、アート、ヒーリング、政府機関

職場
9の上司はよい管理能力を持ちますが、必要なやる気、押しの強さに欠けます。一人で仕事をするよりもマネジメントチームの一員として仕事をしたほうが合います。9のスタッフは非常に直感的であり、洞察力に富み、周囲の状況によく気づいています。静かで平和な環境での仕事が好きであり、問題を解決する能力に優れています。

強さ
状況の深いところまで到達できること、内省的であること、問

題を分析し、問題を解決する方法を考案したり、人に教えること、非常に直感的であること

弱さ

よい、悪いと非難すること、嫉妬しやすい、内向的、無節操、疑い深く支配的

やる気になるもの

競争で相手を出し抜いたり、打ち勝つこと、ネガティブな状況を克服し、ポジティブにすること、チームにとって不可欠な一員であること

やる気をそぐもの

非難、いじめ、辛抱強さがないこと、ストレス、プレッシャー、高い期待

ポイント

1946年9月19日のように生年月日に9が多い人はライフレッスン数9の人をよく理解できる傾向があります。

ゼロが持つ意味とは？

ゼロはネガティブなもの（エゴ）を付加します。
たとえば、10ですが、1のよい部分が取り去られます。1はアクティブですが、0がつくとやり遂げることができません。
ゼロはお金、感情においてネガティブな力です。

たとえば、20は人を引き気味にし、抑圧し、自信を喪失させます。
男性がこの数字を持つ場合、女性（家庭での女性の立ち位置）に対して強い意見を持っていることが多々あります。
20によって、思いやりにあふれた男性がより自己中心的になります。

たとえば、ポールは1950年10月30日生まれです。トップラインに3つのゼロがあります。1+9+5+0+1+0+3+0=19=10=1であり、ライフレッスン数の1は10による1なのでそこにも0があります。
これらの0によって、ポールの数の中からポジティブな側面が取り去られます。ポールは1、5、9があり、野心的で成功するためのやる気を持ちます。
8が欠如しているのでお金を得ることが動機にはならない人です。

30は声に出して表現する人であるのがわかります。声が大きく、ときに仰々しく話すでしょう。気質数を見ると4ですので、頑固で変わらないのがわかりますが、考え、意見を抑え込みます。10月という数、彼の内なる強さですが、1に0がついていますので、1の効果を消し、人の話を聞かないのがわかります。

2と4と6が欠けていますので、周囲の人たちに優しさがないことがわかります。

50で5がありますので、彼にはビジネスセンスとビジネスをやりたいという気持ちがあるのがわかりますが、欠点があることもわかります。ときに彼は判断が乏しく、急いで決断をしてしまいます。ゼロを多く持っている人たちは、適切な決断に欠け、よくないビジネスをしてしまうことが多々あります。

つまり、ゼロが生年月日に多ければ多いほど、適切な決断をしない、衝動的な傾向が強まります。

数から見えてくる健康問題

ライフレッスン数または、以下の数が多ければ多いほど、以下の傾向が強まります。

◎ 1

辛抱強さに欠ける、衝動的な事故の傾向、リスクをおかすタイプであり、転倒による骨折やけが、やけどの可能性。高血圧

◎ 2

ストレス関連の病気の傾向がありますが、カウンセリングが役立ちます。女性が多くの2を持っている場合、婦人科系の問題を抱えやすい

◎ 3

のどの痛み、甲状腺の問題（風邪、流感を含む）。燃え尽きに苦しみ、睡眠障害を抱えやすい。副鼻腔、口、歯茎の問題

◎ 4

感情を表現しない。胃腸、骨、関節に問題の傾向。心臓に問題を抱えやすく、運動と食事が大切

◎ 5

やりすぎの傾向を持ち、肥満、背中の痛み、糖尿病、血液か心臓の問題、働きすぎ

◎ 6
人を喜ばせようとしすぎ、ストレス関連の問題を抱えやすい。頭痛、背中の痛み、肌のトラブル

◎ 7
頭痛、吐き気、目、耳の問題とストレスを抱えやすい。神経システムのトラブル

◎ 8
怒りによって腎臓、肝臓に影響を与えやすく、きちんと対処しない場合、よりシリアスな病気になる傾向を持つ。怒りをコントロールするコースに参加する必要があります。手と足に関する事故に遭遇しやすい

◎ 9
思考タイプであり、2の人と似ており、ストレスが好きではありません。問題を想定して心配をするので、心理的な問題、鬱、アルコール、ドラッグの問題を抱えやすい傾向を持ちます。頭周辺が最も敏感であり、感受性が強く、特に目と耳が敏感です

なお、ライフレッスン数11の人は1、22の人は2、33の人は3、44の人は4をそれぞれ参照ください。

男性的数と女性的数の特徴

1、4、5、8は男性的な数であり、男性エネルギーでもありますので外見、考え方、体格も男性的になります。

2、6、9は女性的な数であり、女性エネルギーでもありますので外見、考え方、体格も女性的でソフトです。

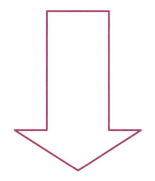

男性的な数が多い場合、男性的な仕事を選択し、
女性的な数が多い場合、女性的な仕事を選択する傾向が強まります。
比ゆ的に言えば男性的な数が多い場合、戦場に行き、
女性的な数が多い場合、負傷した人たちを世話し、癒すような仕事を選択するということです。

マスターナンバーである 11、22、33、44について

マスターナンバーは1、2、3、4のエネルギーを倍にしたものであり、パワーと強さを強調したものです。
より高い霊的レッスンに関連しており、こういう数を持っている人たちは教えたり、リーダーとなる気質を持っています。
トップラインで重要な数ですが、ライフレッスン数にこういう数を持っていると明白にこれらの数の特徴が表れます。

11の意味

事例
1958年10月5日生まれ
1＋9＋5＋8＋1＋0＋5＝29＝11（ライフレッスン数）
1965年11月11日生まれ（11を含め1の数字が多い例）

ポジティブな面
自営業
集中力
生まれながらのリーダー

ネガティブな面
指示を嫌う
非常に辛抱強さがない
意思が強い、気が強い、男勝り

特徴
11の人は生まれながらに成功志向であり、リーダーです。教えるのが好きであり、自立心が強く、自分で仕事を始める人たちが多いです。頑固であり、企業家タイプで、自分で何でもやる人たちです。自分で決めます。

適職
プロジェクトマネージャー、管理者、手を使って作り出すこと（建築）、マネジメント、在宅勤務、企業家、金融、政府機関

職場

11の上司は日和見主義的な面もありますが、やる気があり、献身的で生まれながらに達成に対する気持ちにあふれています。周囲の人たちへの期待が高く、理想を高く持っています。11のスタッフは自立しており、献身的で歯に衣着せません。非常にやる気があり、メンター的な存在です。究極のゴールはマネジメントの上に行くことです。

強さ

ガッツ、野心、回復力、粘り強さ、生まれながらのリーダー、問題から逃げないこと

弱さ

衝動的すぎること、野心的すぎること、強欲、身勝手、辛抱さの欠如、非常に神経質

やる気になるもの

独立して働き、結果を自分でコントロールできること。抑圧がないこと。責任を持ち、他のチームメンバーを調整すること

やる気をそぐもの

自立できない状態。抑圧的環境。チャレンジがないこと。インセンティブがないこと

ポイント

生年月日に1が多い場合、たとえば1965年11月11日生まれなどはライフレッスン数が1または11の人をよく理解できる傾向があります。

memo

22の意味

事例

1961年2月21日生まれ

1＋9＋6＋1＋2＋2＋1＝22（ライフレッスン数）

1922年3月22日生まれ（22を含め2の数字が多い例）

ポジティブな面

ヒーラー（癒す）

世話人

人道主義的、博愛的

ネガティブな面

与えすぎること

軽薄、浮ついた、浮気性

センシティブすぎる

特徴

2と同じように22の人たちは癒しの分野で特に力を発揮します。優しく、思いやりがあります。プライベートがしばしば邪魔となり、人に簡単に支配される傾向を持ちます。同僚、友人とロマンチックな関係になると、一生懸命に相手を喜ばせようとします。自分を改善することに取り組むように励まされる必要があります。

適職

ヒーラー、医師、カイロプラクター、物理療法家、セラピスト、
管理業務

職場
自分で仕事をするのが合っています。ソフトでセンシティブで
優しく、傷つきやすい側面を持っています。やる気、イニシア
ティブに欠け、押しの弱さがあります。22のスタッフは強いチ
ーム志向であり、グループの一員として集団で働くことを好み
ます。正直さと誠実さをとても重要だと感じる人たちであり、
長きにわたる友情をはぐくみます。

強さ
博愛的であり、すべての人を助けたいと思っています。特にし
いたげられた、踏みにじられた人たちを助けたいと思っていま
す。優しく、思いやりがあり、チームの中のひび割れをなおす
人たちです。

弱さ
非常に感情的であり、敏感です。プレッシャー、心地悪さがあ
ると引き気味になり、離れます。人の影響を受けやすく、プラ
イベートが仕事の邪魔になる傾向を持ちます。

やる気になるもの
調和のある仕事環境、周囲に優しき、思いやりのあるスタッフ
のいる環境、人が泣きたいときに肩を貸すことができ、ネガテ
ィブをポジティブにできること

やる気をそぐもの

プレッシャー、期待、締切、個人的批判、理解の欠如

ポイント

生年月日に 2 が多い人、たとえば1922年 3 月22日の場合、ラ
イフレッスン数が 2 と22の人をよく理解できる傾向があります。

memo

33の意味

事例
1967年5月14日生まれ
1+9+6+7+5+1+4＝33（ライフレッスン数）
1933年6月23日生まれ（33を含め3の数字が多い例）

ポジティブな面
クリエイティブ
やる気を与える
テクノロジー好き

ネガティブな面
声が大きい、荒々しい
人に影響されやすい
噂話好き

特徴
表現を通して人を導くことが上手です。ポジティブでダイナミックであり、多くの分野に精通しています。友人、同年代に好かれる人たちであり、仕事が終わってもうまく話し続けていることがよくあります。思考と表現がキーワードです。

適職
法律、コンピュータ、テレビ、メディア、ライフコーチング、作家、保険、銀行、音楽と芸術的追求、採用、広告

職場

33の上司は周囲の人たちのやる気を刺激し、本人もやる気にあふれています。アクティブであり、ペースを自分で設定するのが好きです。インスピレーションを与える存在であり、集中力もあり、学歴も高く、まっすぐな人たちです。スタッフが33の場合、話がうまく、周囲の人たちに影響を与えます。適応力があり、コンピュータの扱いがうまく、簡単に友達になり、表現力が高く、忙しくダイナミックな環境で働くのが合っています。

強さ

あらゆる形のコミュニケーション、生まれながらの仲裁者、知的であり、社交的であり、ネットワーキング好きで動き（忙しい、多くの人がいる、都会）があるところが好きです。素晴らしい電話のスキルがあります。

弱さ

だらだらしゃべること、噂話、軽薄、浮つき、簡単に影響され、社交的場面で中心になるのが好きなこと。口論好きであり、説得力あろうとします。

やる気になるもの

メディアなどで人目につくこと。注目の的となり、人にインスピレーションを与えること

やる気をそぐもの

表現ができないこと、手を使って仕事をすること（考えて仕事をするのが好きです）、かたい組織、規律

ポイント
生年月日に3が多い場合、たとえば1933年6月23日生まれの場合、ライフレッスン数が3または33の人をよく理解できる傾向があります。

memo

‖ 44の意味

事例
1987年 9 月19日生まれ
1 ＋ 9 ＋ 8 ＋ 7 ＋ 9 ＋ 1 ＋ 9 ＝44（ライフレッスン数）
1944年 4 月14日生まれ（44を含め 4 の数字が多い例）

ポジティブな面
より高い権力
意思決定者
組織と秩序

ネガティブな面
自分のやり方にこだわる
非常に頑固
かたい

特徴
審判者であり、プランナーです。一生懸命に働くことが強みで
あり、導き、重要な決断をするのが好きです。44の子供はまだ
子供でも強い正しい、間違っているというあり方を示し、自分
がどこに向かうのかを知っています。

適職
弁護士、政治家、モチベーター（人にやる気をおこさせる技術
を習得した専門家）、企業内で際立った能力と野心を活かせる

表現ができないこと、手を使って仕事をすること（考えて仕事をするのが好きです）、かたい組織、規律

ポイント
生年月日に 3 が多い場合、たとえば1933年 6 月23日生まれの場合、ライフレッスン数が 3 または33の人をよく理解できる傾向があります。

memo

44の意味

事例

1987年9月19日生まれ

1＋9＋8＋7＋9＋1＋9＝44（ライフレッスン数）

1944年4月14日生まれ（44を含め4の数字が多い例）

ポジティブな面

より高い権力

意思決定者

組織と秩序

ネガティブな面

自分のやり方にこだわる

非常に頑固

かたい

特徴

審判者であり、プランナーです。一生懸命に働くことが強みであり、導き、重要な決断をするのが好きです。44の子供はまだ子供でも強い正しい、間違っているというあり方を示し、自分がどこに向かうのかを知っています。

適職

弁護士、政治家、モチベーター（人にやる気をおこさせる技術を習得した専門家）、企業内で際立った能力と野心を活かせる

ポジション、不動産、土地デベロッパー関連

職場
じっとしていません。人にも即座に正確に行動して欲しいと思っています。遅い人たちが好きではありません。あなたがやらないなら、自分でやってしまう人たちです。非常に野心的であり、自立しています。スタッフメンバーが44の場合、かたく、献身的で規律を守ります。クリアな目的を与えられる必要があり、割り当てられた仕事、ちゃんと完了する時間が与えられる必要があります。細かいことに気づき、仕事が完了するまで止まりません。

強さ
信頼でき、頼ることができ、高い信念を持っています。非常に倫理観があり、同じことを見返りに期待します。

弱さ
変化、取り組むべきことに取り組まない人にうまく対処できません。組織立っていない、機能していない環境で働くのを嫌います。

やる気になるもの
十分に自分の強さ、能力を使えるシニアマネジメントのポジションを熱望しています。多くの人ができない困難な問題を克服するのが好きです。何にでも取り組みます。

やる気をそぐもの

だらしない仕事環境、怠惰な人たち、低い理想と倫理観、手順・規約・システムの欠如した状態

ポイント

生年月日に4が多い場合、たとえば、1944年4月14日のように4が多い場合、ライフレッスンが4と44の人のことをよく理解できる傾向があります。

memo

生まれた日による傾向を数字で見てみましょう

◎ 1日生まれの人

1日に生まれた人はアクティブ、献身的、エネルギーとやる気にあふれています。模範として生き、今日やることがあればさっとやってしまいます。やり抜く人です。あなたがやらないなら、やってしまう人たちです。

◎ 2日生まれの人

のんきであり、身体的な接触を通して触ったり、感じるのが好きです。友人、同僚に思いやりがあります。プレッシャーをかけられるのが好きではありませんが、必要であればペースを保ちます。他人の個人的な窮地に引き込まれないほうがいい人たちです。

◎ 3日生まれの人

コーヒーを飲みながら噂話をして一日を始めます。新しい情報を取り込み、それを話したがります。ネットで情報を見たら、それを人に話さずにはいられません。やるべきことはやる人ですが、意味のないことを話し続ける傾向があります。

◎ 4日生まれの人

一生懸命に働くあり方を持っている人たちであり、すべてのす

第1章　数秘術の基本的仕組みと割り出し方　*61*

べきことを完了するまで、くだらない会話や手抜きをしたりをしません。細かいことまできちんと配慮する人です。きちんとしたデスク、職場が絶対不可欠な人たちです。

◎ 5日生まれの人
派手で外交的であり、より大きな視点を持っています。人生に関して楽観的であり、元気でポジティブです。人を調和させることに定評があり、大変なときに気持ちをあげる人たちです。

◎ 6日生まれの人
一緒にいて楽しく、ハッピーな人たちです。通常、きちんとした身なりをしています。自分の出し方、外見が重要な人たちであり、周囲の人たちにもその影響を与えます。人との交流を楽しみ、チャーミングな人たちであり、あらゆる状況にあたたかい輝きを与えます。

◎ 7日生まれの人
頭の回転が速く、いたずら好きです。コンピュータのような頭脳であり、いつもアクティブで人よりいつも一歩先を行っています。聡明であり、明日のプロジェクトをすでに考えています。4の人とチームを組ませると仕事が完了します。

◎ 8日生まれの人
やり手であり、いつもボールをつかんでいます。トレンドを発信し、先導する人たちです。お金の扱いがうまく、使うのが好きです。職場で自分のほうが優れていると挑みます。挑むこと、

健全な競争が大好きです。

◎ 9日生まれの人

静かで思慮深い人たちです。前もって仕事の段取りを計画し、決めます。忙しく、プレッシャーのある環境ではうまく反応できませんし、朝、好きなトピックでなければあまり会話をしたくありません。

◎ 10日生まれの人

活力にあふれ、少しうるさい人たちですが、通常それは仕事が終わった後です。得になるものを嗅ぎ分けます。何かに夢中なときに邪魔をしないほうがよい人たちです。

◎ 11日生まれの人

エネルギーにあふれ、親切で野心的です。チームの中の小さな将軍であり、周囲の人たちが成長し、ゴールを達成する助けをします。自分で始める人たちであり、自分で手綱を握る人たちです。やること、どんなことであれ得意にできる人たちです。

◎ 12日生まれの人

アクティブであり、能動的です。変わりやすく、気分が毎日、違います。才能がありますが、ときに自分に自信が持てないことがありますので、集中できる環境が必要であり、ハッピーな環境で働く必要があります。

◎ 13日生まれの人

頑固であり、ずけずけと発言し、辛抱強さがありません。1日に時間が十分にあるようには思えない人たちであり、スペースが与えられる必要があります。頭がよく、機知に富みますが、不快なところもある人たちです。夜遅くまで人と交流するのが好きです。

◎ 14日生まれの人
多芸であり、チームで一生懸命働きます。完璧主義者であり、気難しく、ときに懐に入るのが難しい人たちです。職業倫理とやる気が失せることがない人たちです。

◎ 15日生まれの人
前向きに思考し、それに合うエネルギーを持っています。聡明で情熱的であり、ときにうぬぼれがありますので、軌道修正が必要なときがあります。前面に立つのが好きであり、輝いて生きる後押しをされるべき人たちです。

◎ 16日生まれの人
仕事と人生に積極的に参加していく傾向があります。6日生まれと同じようによい出し方ができ、人との交流を望みます。前に出してあげることです。カリスマ的で大胆です。

◎ 17日生まれの人
衝動的です。ハイパーになる食べ物は避けるべきです。知的であり、同じような考えを持つ人たちと取り組むときは気持ちのいい人たちです。多くのアイディアを持つので、オフィスで意

見を入れられる箱があればあふれるほど入れるでしょう。

◎ 18日生まれの人
生まれながらのリーダーであり、8日生まれと同じようにやる気があり、自信にあふれています。やるべきことがわからない場合、すぐに取りかかります。とても能力があり、まっすぐでチャレンジが大好きです。支配的パーソナリティを持ち、セックスが好きで軽薄です。

◎ 19日生まれの人
職場で力を発揮し、辛抱強さと持久力を持ちます。スポーツ好きです。スポーツをするか、見るのが好きです。よい策士です。人を分析するのが好きですが、打ち解けない人たちです。

◎ 20日生まれの人
チーム、グループで力を発揮できる人たちです。不安定さが弱点であり、人にどう思われるかを心配します。内気で、おとなしく、非難的で極端な排他主義者です。

◎ 21日生まれの人
チャーミングであり、まっすぐで動き（喧騒なところ、忙しい場所、いろんなイベント、活動があるところ、人がたくさんいるところ、都会）があるところが好きです。要領がよく、口のうまい人たちです。あたたかく、必要であればやる気を起こします。仕事の後、友人と飲むのが好きな人たちです。

◎ 22日生まれの人

ポジティブで癒しを人に与えます。優しく、思いやりがあり、人を助け、一緒にいて楽しく、ちょっと悪い子的なところがあります。仕事で細かいことを見落としますが、カリスマ的資質によって見落としてしまうのです。

◎ 23日生まれの人

口を使って表現できる分野で力を発揮します。人と一緒に取り組むことがうまく、言葉と優しい資質で人を引き寄せます。ネットワーキングが好きであり、人との関係を構築することが大好きです。インセンティブが好きです（目標達成のために報酬があるとやる気がでる）。

◎ 24日生まれの人

中庸が好きです。平和、平等と公正さが好きです。男女両方とうまく交流し、さまざまな階級、グループにフィットできる能力を持ちます。家族のつながりがとても強く、公正な扱いを求めます。

◎ 25日生まれの人

思慮深く、自分がしていることに誇りがあります。密着度の高いチームで働くのが最も合います。特に一緒に働くのが好きな人たちがいる場合です。移動（出張、旅）のある仕事が好きであり、幸運が続く傾向があります。

◎ 26日生まれの人

思いやりがあり、周囲の人たちを助け、サポートするのが好き
です。ときには自分をすり減らしてもそうします。家庭と家族
がとても重要であり、誠実さに疑いはありませんが、26日生ま
れに対して絆を破った場合、覚悟をしたほうがいいでしょう。

◎ 27日生まれの人
チームリーダーであり、人をインスパイアし、グループに新し
いアイディアを浸透させます。頭の回転が速く、友人、クライ
アントとさえ現実的なジョークを言うのが好きです。月の終わ
り、チームがやるべきことを完了しているという状態に持って
いく能力を持ちます。

◎ 28日生まれの人
野心的でトップに立ちたがります。職場が家庭のようなもので
あり、すべての人が精いっぱい仕事をする期待を持ちます。特
別な日、行事をカレンダーに印をつけます。パートナーがゴー
ルを達成することにフォーカスをする達成志向であることを望
みます。

◎ 29日生まれの人
大きな洞察を持ちますが、必要な行動に欠けることがあります。
プライベートでのごたごたによって達成が妨げられます。恨み
がましい人たちです。第六感があり、強い直感がありますので、
それを信頼すべきです。

◎ 30日生まれの人

第1章　数秘術の基本的仕組みと割り出し方

自分の意見が正しいと思い、ずけずけと言います。素晴らしい
コミュニケーション能力がありますが、説明が足りません。辞
書を使うべきです。忠誠心がありますが、感情的になると口で
攻撃をし、人をののしります。音楽と小さな動物が好きです。

◎ 31日生まれの人
エネルギーにあふれ、話すのが好きです。信じることのために
戦い、信じることに情熱を持ちます。強いコミュニケーターで
すが、装飾的なふるまいが好きではありません。見たままの人
です。

memo

第2章

数秘術をどのように応用して実践するか

ライフレッスン数による
効果的なトレーニングと能力開発

あらゆる組織、チーム、グループにおいて、
教育、トレーニングと開発によって、
競争を勝ち抜けます。
定期的トレーニングをきちんとすることは、
最大の生産性を確実にし、
強さと潜在力を最大限にする理想的な方法です。
すべての人の学び方が異なります。

ここでは、それぞれのライフレッスン数がど
ういう方法で最も効果的にトレーニングと開
発に取り組めるかを説明します。

◎ 1

ポジティブでダイレクトなアプローチが必要です。その人のレベルで話し、アピールしなければなりません。いじめられたり、しごかれたり、狼狽させられるのが好きではなく、励ましと認めてあげることに最も反応する人たちです。エネルギーにあふれ、辛抱強さに欠けていますので、長く、くどいものよりも短いコースが合っています。

◎ 2

大事に育てるような、辛抱強いアプローチが合っています。気分を害することのないケアが必要です。緊張や競争のない、安全で流動的なトレーニング環境で学ぶことが必要です。子供っぽいところがあるので、ユーモア、気楽さがあると最善の結果となります。

◎ 3

多様性が好きであり、自分で学ぶよりもグループで学びたいと思っています。分厚いものよりも読むのが簡単なマニュアルに最もよく反応します。脳を刺激されたり、ロールプレイングをするのが特にこの人たちに教えるには最善です。ウィット、ユーモア、エンターテインメントがあるものが好きです。

◎ 4

構造化され、きちんと計画され、集中できるトレーニングを好みます。最善の結果のために、クリアな説明と境界線をあらかじめ設定しておいてください。この人たちはファーストインプ

レッションを重要視しますので、信頼と経験が不可欠です。とても献身的な生徒であり、知識を使います。

◎ 5

トレーニングには能率的、事務的なアプローチが必要です。トレーニング後に何が得られるかをあらかじめ知っておく必要がある人たちです。即座にこの人たちの注目を引き、詳細と全体像にフォーカスをすることが必要です。今と未来にトレーニングがポジティブに役立つことを知る必要がある人たちです。カリスマ的でインスピレーションを与えるアプローチに最もよく反応します。

◎ 6

トレーニング、能力開発には気楽で快活なアプローチが必要です。ヘビーで長いものであれば、興味を失い、参加する気力が失せます。テーマが重要な人たちです。あまりにシリアスだとついてきません。ファクトや数字よりもリアルな人生にインスピレーションを感じる人たちなのです。構造的なものを退屈に感じます。

◎ 7

非常に知的であり、素早く考え、知的に教えるメソッドに最もよく反応します。現代のテクニックに魅了され、正確なファクトと情報を提供しなければなりません。間違いの余地はありません。ブレインストーミングが好きであり、アイディア、インプットを表現するように求められることが好きです。濃密なア

イディア、インプットが素早く出てきます。多彩で効率的なタイムテーブルがないと、興味をなくし、集中しなくなります。

◎ 8

支配が好きであり、教えられたことを簡単に使います。強く、フォーカスしたアプローチが最善の結果のために不可欠であり、ファクト、数字、統計にとてもよく反応します。確固たるアプローチが必要であり、そうすれば伝えていることを飲み込み、そこを乗っ取ろうとはしないでしょう。早めにこの人たちの信頼を得れば、リスペクトを得るでしょう。

◎ 9

学び、考え、深く見つめるように背中を押されると励みになり、成功します。文書をたくさん渡してください。そうすれば、教えられたことを消化でき、時間のあるときに復習します。宿題が好きであり、データと新しい情報を簡単に消化します。理論と実践のよいバランスが不可欠ですが、詰め込みすぎないことです。

ライフレッスン数が11、22、33、44の人たちはそれぞれの数を一桁にしてください。11は 2 、22は 4 、33は 6 、44は 8 であり、それぞれの数の要素がより強まります。11の人は 2 、22の人は 4 、33の人は 6 、44の人は 8 を参照ください。

隠された
キャラクター「気質数」とは？

生年月日の生まれた日と生まれた月を合計すると気質数がわかります。この数によって、意思と内なるやる気を知ることができます。これは、それぞれの人の隠されたキャラクターであり、最も必要なときに表現されるものです。ソフトでおだやかなライフレッスン数を持っていても、強い気質数を持っていれば、プレッシャーや困難な状況が出てきても立ち上がることができるのです。あなたの意思と内なるやる気を識別するのに重要な数であり、あなたのパーソナリティに異なる次元を加えます。

【ケーススタディ】ローレンの気質数8

ローレンの誕生日は1975年2月6日です。ライフレッスン数は3であり、気質数は8（2＋6）です。

1975年2月6日＝1＋9＋7＋5＋2＋6＝30＝3

6日生まれなのでソフトな性格で人を喜ばせるのが好きで、人にもかまえないような人です。
2月生まれなので2という数は人への思いやりがある人になります。こういう女性的な2つの数によって、ローレンはソフトすぎ、非常にプレッシャーのある役割には向かないと思うかも

隠された
キャラクター「気質数」とは？

生年月日の生まれた日と生まれた月を合計すると気質数がわかります。この数によって、意思と内なるやる気を知ることができます。これは、それぞれの人の隠されたキャラクターであり、最も必要なときに表現されるものです。ソフトでおだやかなライフレッスン数を持っていても、強い気質数を持っていれば、プレッシャーや困難な状況が出てきても立ち上がることができるのです。あなたの意思と内なるやる気を識別するのに重要な数であり、あなたのパーソナリティに異なる次元を加えます。

【ケーススタディ】ローレンの気質数8

ローレンの誕生日は1975年2月6日です。ライフレッスン数は3であり、気質数は8（2＋6）です。

1975年2月6日＝1＋9＋7＋5＋2＋6＝30＝3

6日生まれなのでソフトな性格で人を喜ばせるのが好きで、人にもかまえないような人です。
2月生まれなので2という数は人への思いやりがある人になります。こういう女性的な2つの数によって、ローレンはソフトすぎ、非常にプレッシャーのある役割には向かないと思うかも

イディア、インプットが素早く出てきます。多彩で効率的なタイムテーブルがないと、興味をなくし、集中しなくなります。

◎ 8
支配が好きであり、教えられたことを簡単に使います。強く、フォーカスしたアプローチが最善の結果のために不可欠であり、ファクト、数字、統計にとてもよく反応します。確固たるアプローチが必要であり、そうすれば伝えていることを飲み込み、そこを乗っ取ろうとはしないでしょう。早めにこの人たちの信頼を得れば、リスペクトを得るでしょう。

◎ 9
学び、考え、深く見つめるように背中を押されると励みになり、成功します。文書をたくさん渡してください。そうすれば、教えられたことを消化でき、時間のあるときに復習します。宿題が好きであり、データと新しい情報を簡単に消化します。理論と実践のよいバランスが不可欠ですが、詰め込みすぎないことです。

ライフレッスン数が11、22、33、44の人たちはそれぞれの数を一桁にしてください。11は2、22は4、33は6、44は8であり、それぞれの数の要素がより強まります。11の人は2、22の人は4、33の人は6、44の人は8を参照ください。

しれませんが、生まれ年である7と5によって、多才さと頭の回転の速さと知性が与えられ、スマートなビジネスウーマンになります。優しく、思いやりのある資質によって人が寄ってきやすく、きちんとフォローアップし、クライアントのために最善を尽くす人です。それがビジネスのリピート率を高めるのです。

ライフレッスン数が3なので、ローレンは人と交流し、ネットワーキングをするのが好きです。人と交流するのを好み、よいチームメンバーであり、自分のやるべきことはし、やる気を高める人です。

気質数8によって、ローレンにはもっとやる気があり、内なる強さが与えられます。これは、リクルートメントコンサルタントとしてのローレンの役割には理想的です。プレッシャーと要求されることはたくさんあるからです。ライフレッスン3に気質数8が加わるので少し精力的になります。チャレンジする状況になれば立ち上がるのです。ローレンは過小評価されるべきではありません。

数秘表を使って
人生の意味を明らかにしましょう

3 社交的 おしゃべり コミュニケーション好き	6 美 バランス ハーモニー	9 霊的 中毒 内省的
2 家族 育み パートナーシップ	5 旅 拡大 チャンス	8 セックス パワー お金
1 行動 エネルギー リーダーシップ	4 男性 秩序 構造	7 アイディア 知性 口論的

数秘表はあなたのエネルギーと思考がどう行動に表れるかを示しています。1－9のそれぞれの数は、あなたの人生に関してさまざまな意味を持っています。まず、この表に、あなたの誕生日の数を入れていってください。1969年10月21日生まれなら、1、9、6、9、1、2、1の数を表に入れます。

	6	99
2		
111		

数のあるスペースは、あなたの強さを意味しています。数のないところはあなたの弱さであり、取り組む必要があるということです。

スペースに多くの数がありすぎる場合（３つ以上）、結果としてそのエネルギーのバランスの欠如となります（スペースに３つ以上あるというのは過多です）。なぜならば、過多になっている数の効果が増幅されてしまうからです。

理想的なのは表全体に偏らないで数があることです。生年月日の数が全部違っていたとしても８つまでしか埋まりません。

この表の目的は、数の役割を目で見るためです。練習をすれば、あなたの強さ、弱さを素早く知る理想的な方法として使えるのです。ここでは、それぞれの表の組み合わせの裏にある深さと意味を説明します。なぜ関連性があり、どうやって人生の道にあてはめるかということです。欠けている数、相性の重要性も説明します。あなたの人生、あなた以外の人の人生を理解するのに役立ちます。

持っている数とは違う反応をしたり、振る舞いをする人たちがいますが、支配されたり、影響を受けて本来の自分の生き方ができなくなっているということです。支配的、抑圧的な存在、親か過去のパートナーなどか、現在、そういう存在といて、そうなっているのかもしれません。

数秘表は強さ、弱さ、潜在力を示していることを忘れてはいけません。理解と辛抱強さを持てば、自分の思いこみの自分ではなく、客観的なあなたを見ることができますし、人のこともよく理解できます。どんなことが動機になっているのか、どんな観点を持つのかを効果的に知ることができるのです。

もし、数や潜在力に合った生き方をしていないと誰かに感じたら、威圧的な親、パートナー、友人によって抑圧されているかもしれないと考えていいと思います。ライフレッスン数が1と8の人が付き合っている場合、どちらかが支配しようとし、力の争いになる可能性があり、そうなると支配されたほうが力を失う結果となります。この問題を克服する場合、お互いが競争するのではなく、ベストを尽くせばよいと励ましてあげることです。

2や6のようなソフトな数が生年月日にある場合、辛抱強く、支えになってあげる必要があるということです。4や8のような強い数を持っている人には励まし、プッシュしてあげることです。私たちは誰でも解放されるのを待っている偉大なものを持っているのです。

ケビンの数秘表
1967年5月25日生まれ

	6	9
2	55	
1		7

とてもよい表です。多くのスペースが満たされています。弱い
ポイントは 3 が欠けていること（自分を表現することを学ばな
くてはならない）と 4 が欠けていること（計画をし、規律を守
ること、一生懸命に働くこと）です。

ウィリアムの数秘表
1993年 3 月31日生まれ

333		99
11		

多くのスペースが埋まっていません。十分な潜在力を達成する
ためには、克服すべき多くの弱さがあるということです。3 が
多い（3 つ以上）ため、話しすぎ、必ずしも最後まで遂行する
わけではないのがわかります。

数秘表に生年月日のすべての数を入れて、それを線で結ぶと、
縦、横、斜めに線が入るときがあります。強さが加わり、とて
もポジティブなものです。8 つの組み合わせがあります。後で
クリアに説明します。8 つの組み合わせのポジティブなポイン
トとネガティブなポイントも説明します。本質的にはポジティ
ブなものなのですが、あなたがどんな道を選択するかによります。

たとえば、7 、8 、9 の組み合わせ（スピリチュアリティとク
リエイティブさ）を持つ場合、芸術的な取り組みにはとてもポ
ジティブですが、左脳分野には合いません。

第 2 章　数秘術をどのように応用して実践するか

◇８つのライン：各組み合わせのポジティブと
　　ネガティブの解説

147、789、369、123、258、159、357、654のラインがある場合、ポジティブです。こういう組み合わせがない場合、ネガティブです。

こういう組み合わせがあっても、たとえば1911年12月13日生まれの場合、123があり、話し、表現する人ですが、１が多すぎて辛抱強さがなく、押しが強く、ネガティブな側面が強くなります。

1932年12月２日生まれも123の組み合わせになりますが、２が３つと多く、あまりにもかまいすぎる性質が強く出て、表現するときにかまってほしい的な表現をしがちになり、ネガティブな要素が強くなります。

1923年３月13日生まれの場合、３が３つあります。こうなると、123があってもネガティブな側面が強くなります。３が多すぎて、３のポジティブな要素がなくなるのです。バランスのある、よきコミュニケーターではなく、ただのおしゃべりで、キャラクターに深さがありません。

各組合せで枠内に数字が１つずつ（もしくは２つまで）バランスよく入っていれば、ポジティブな面が強調されます。枠内に偏って数字が３つ以上入っている場合、バランスに欠けているので特徴が逆に振れてネガティブな面が強調されるのです（８つの組み合わせがない場合も、前述のとおりネガティブな面が出ます）。

◎1と4と7の組み合わせ（実用主義線）

1	4	7

ポジティブな面
手先が器用
プランナー
現実的

ネガティブな面
手先が不器用
事故に遭遇しやすい
先見の明がない

実用主義線を持つ場合、現実的でプランニング、オーガナイズ
すること、組み立てることが得意です。物質主義的であり、信
頼でき、シェフ、建築業、大工、庭師または手を使った労働、
献身的に続けられるものなどが合っています。

◎7と8と9の組み合わせ
　（スピリチュアリティとクリエイティブ線）

		9
		8
		7

ポジティブな面

芸術的でクリエイティブ

意欲的、冒険的、積極的

右脳的

ネガティブな面

イニシアティブの欠如

バランスの欠如

センスのよさとクリエイティブさの欠如

生まれながらにクリエイティブであり、芸術的、音楽的です。
深く考え、クリエイティブな分野と職業にひかれます。現実的
でなくかっちりと型にはまっていませんし、グラフィックデザ
イナー、アーティスト、音楽家、心理学者、ファッションデザ
イナーなどが適職です。

◎３と６と９の組み合わせ（思考と知性線）

3	6	9

ポジティブな面

知性

推理力

意思能力

ネガティブな面

鈍い、鈍感

記憶力が悪い

行動に制限がある

知性的な人であり、知性と才能のあるアプローチで知られる人たちです。プログラムを書いたり、サブマネジメント的なポジションであったり、より大きな視点で理解ができます。先走りをし、うぬぼれることもあります。

◎１と２と３の組み合わせ（自信線）

3		
2		
1		

ポジティブな面

人の扱いがうまい

プランニングとメソッド

人前に出る人

ネガティブな面

内気で内向的

イニシアティブとやる気に欠ける

コミュニケーションが下手

人前で考えていることを話すことを好み、人を導くことを怖がりません。頭の回転が速く、自信もあり、自分を表現します。ホスピタリティ、メディア、セールス、マーケティングの分野に合っています。

◎2と5と8の組み合わせ（感情的バランスと富の線）

2	5	8

ポジティブな面

お金を動かせる

意欲的、冒険的、積極的

パートナーシップで働くことがうまい

ネガティブな面

イニシアティブの欠如

バランスの欠如

お金のトラブル

経済的安定を好み、投資、金融、会計に関するすべてに興味が
あります。家族またはお金のための結婚を含むパートナーシッ
プによって富を得ている可能性があります。パートナーが同じ
ものを楽しめるときに幸せを感じます。

◎１と５と９の組み合わせ（やる気と達成線）

		9
	5	
1		

ポジティブな面
やり遂げる
野心
達成への願望

ネガティブな面
やる気と野心のなさ
最後までやり遂げない
のん気

ビジネス志向の強いリーダーであり、達成するやる気にあふれ
ています。仕事のすべての分野での成功をしなければ気がすま
ず、仕事を完了することに定評があります。きちんと完了する
人であり、粘り強く、献身的で達成をする人です。

◎3と5と7の組み合わせ（アイディアとイニシアティブ線）

3		
	5	
		7

ポジティブな面

新しいコンセプトを素早く把握

機知に富む

創意工夫に富み、発想力が豊かでクリエイティブ

ネガティブな面

想像力に欠ける

疑い深い

考えを表現できない

発明家であり、アイディアにあふれた人たちです。生まれながらに問題を解決する能力を持ちます。非常に知的であり、イニシアティブを持ち、新しいアイディアとコンセプトを提案することを躊躇しません。こういう人たちは、通常、自分たちが働くよりも、その後ろのブレーン的な役割をする人たちです。

◎6と5と4の組み合わせ（愛と欲望線）

	6	
	5	
	4	

ポジティブな面

素晴らしい恋愛、人間関係が可能

平和の実現と交渉に手腕を発揮

バランスがあり、愛にあふれる

ネガティブな面

恋愛での相手への理解の欠如

フラストレーションと拒絶を感じる

コミットすることはなく、身勝手

愛、美、バランスに関わる仕事が最も合っています。ビジネスを推進する立場というよりは生まれながらの仲裁者であり、団体のよき代表になる人たちですが、他に1と5と9のような強い組み合わせのラインがあると、そのラインの潜在力を弱め、それらをもっとソフトにする効果があります。人間関係ではしつこく、要求が多くなる場合もあります。

◇あなたにはラインがない？

前述の組み合わせのラインがない場合もあります。しかし、あなたの数秘表に前述の8つのラインがなくても、心配する必要はないのです。少し決意を持ち、我慢をして通り抜けることです。他にも数があるはずです。7と3は（セールスとコミュニケーション）であり、あなたに素早い頭の回転と思考プロセスを与え、1と8（スポーツとビジネス）はエネルギーと行動を与え、4は強さと信頼性（作り出す力）を与え、5は旅とビジネスにポジティブなエネルギーを与え、9は心理学、スピリチュアリティ、クリエイティブさを与えてくれます。2と6は癒しとヘルスケアにポジティブなエネルギーを与えてくれます。ポイントは、ない数のあり方を意識的に生きるということです。

◇群れのリーダー

トップライン（気質数も含む）に強い数がある人たち、ライフレッスン数が強い数の人たちは群れのリーダーになります。1、3、4、7、5、8、11、33、44などの数です。8日、18日、28日生まれ、1日、11日、15日生まれもよいリーダーになります。人生のあらゆる側面でチャレンジ（大きければ大きいほどよい）が必要であり、他に強い数を持っていれば、強く、ゴールを達成し人生で成功する可能性が高い人たちです。ストレスの扱い方もうまく、負けるのが好きではありません。周囲の人たちを動かし、企業で働いたり、お金を扱うことにとても合

います。リーダーを補完するのは4日、14日、24日生まれです。

【ケーススタディ】パーソナルプロファイルを作ろう（事例1）

ヘレン：
1958年7月11日生まれ＝1＋9＋5＋8＋7＋1＋1＝32＝5
（ライフレッスン数5、気質数9）

		9
	5	8
111		7

強い生年月日とライフレッスン数です。5と8はリーダーシップ能力と素晴らしいお金管理能力となります。7は素早い頭の回転です。やる気と達成線があり、クリエイティブとスピリチュアリティ線もあります。気質数は9ですので、考え、計画する力もあります。ライフレッスン数5によって、ビジネスで成功する潜在力があるのがわかります。旅もするでしょう。セカンドラインの3と2はチームでコミュニケーションをする際、付加される強さとなります。11は自立し、自分で仕事を始める能力となります。

【ケーススタディ】パーソナルファイルを作ろう（事例２）

スーザン：
1964年５月13日生まれ＝１＋９＋６＋４＋５＋１＋３＝29＝11
（ライフレッスン数11、気質数９）

3	6	9
	5	
11	4	

スーザンの誕生日を見てください。アクティブな日です。威勢がよい１とコミュニケーションの３の日です。スーザンは考えたことを話し、押しが強く、ときに声が大きいのがわかります。目立つのが好きであり、人より前にいるのが好きです。５は逆三角形の中心に位置し、内なる深い強さであり、やる気を示しています。成功を欲し、旅を求め、強いビジネスセンスもあります。６と４はバランスと強い職業倫理感（現実的）を与えています。父親を賞賛し、やる気とアイディアを父親から得ています。アドバイス、お付き合いを年上の男性に求めるタイプです。気質数は９ですので、知的であり、決断をする前に計画し、分析します。ライフレッスン数は11であり、ビジネスには素晴らしい数です（特に自分のビジネスをする場合）。自立心もあります。目先の利く人に導かれれば、潜在力すべてが実現し、すべてのチャレンジも克服できます。

【ケーススタディ】誕生日は異なるけれども、数秘表が同じ

異なる日に生まれている2人の人の数秘表が同じ場合があります。そういう場合、相性がよく、お互いをよりよく理解でき、効率的に一緒に取り組めます。完全に同じではなくても、似たような数秘表も同じです。

1967年4月5日生まれ 1＋9＋6＋7＋4＋5＝32＝5

	6	9
	5	
1	4	7

1954年6月7日生まれ 1＋9＋5＋4＋6＋7＝32＝5

	6	9
	5	
1	4	7

2人の大きな違いは、ライフレッスン数は同じですが、気質数が異なるということです。

ライフレッスン数を数秘表に使う

あなたの潜在力を見る別の方法があります。まず、生年月日すべてを表に入れ、それにライフレッスン数を加えると、究極的なその人の潜在力がわかります。

事例1
1975年6月23日生まれ
1＋9＋7＋5＋6＋2＋3＝33（ライフレッスン数33、気質数11）

33 3	6	9
2	5	
1		7

事例2
1975年2月6日生まれ
1＋9＋7＋5＋2＋6＝30＝3（ライフレッスン数3、気質数8）

3	6	9
2	5	
1		7

事例1事例2のように、数秘表に3を加えると、この人の究極的潜在力がもっとわかります。すでにあった1と5と9の組み合わせに1と2と3、3と6と9、3と5と7の組み合わせが付加されます。ですので、この人がライフレッスン数の3を使い、きちんと自分を表現すれば、人生で潜在力が広がるのです。

数秘表を使って互いの相性を見る

あなたの数秘表と人の数秘表を比較すれば、誰とより相性がいいのかがわかります。あなたと生年月日が違っても数秘表が同じ場合、その人とうまくやっていけます。特にライフレッスン数と気質数も同じ場合は相性はよりよくなります。

事例1

トムの生年月日1956年4月17日

1＋9＋5＋6＋4＋1＋7＝33（ライフレッスン数33、気質数3）

	6	9
	5	
11	4	7

メイの生年月日1965年4月8日

1＋9＋6＋5＋4＋8＝33（ライフレッスン数33、気質数3）

	6	9
	5	8
1	4	

この2つの事例、トムとメイは共通の数がたくさんあります。ライフレッスン数も33で気質数も3です。似たような表になります。共に働き、似たものがあるので関係も成功し、ベストなチームとなります。しかし、夫婦として、同じライフレッスン数の場合、お互いに挑み合います。特に1、5、8の場合です。異なる数でお互いに少し違う場合、どちらかの表にない数が補

い合う関係となります。

事例2
ピーターの生年月日1974年5月3日
1＋9＋7＋4＋5＋3＝29＝1（ライフレッスン数1、気質数8）

3		9
	5	
1	4	7

ヘレンの誕生日1978年6月2日
1＋9＋7＋8＋6＋2＝33（ライフレッスン数33、気質数8）

	6	9
2		8
1		7

これも相性のよいカップルです。お互いにないものを補っています。ピーターには2、6、8がなく、ヘレンにはそれらの数があります。ヘレンには3、4、5がなく、ピーターにはそれらの数があります。それによって、お互いにサポートし、協力し合ってさまざまなことが達成可能でもあります。

▌数秘表で見る女性的数、男性的数

2、6などの女性的数を持つ男性は強い数を持つ男性よりも押し、やる気が強くありません。2は母親からの強い影響を示し、4や8などの強い数を持つ女性はとても屈強です。4は父親か

らの影響が強いという意味です。

女性的数の多い男性の事例
ポールの生年月日1966年2月2日
1＋9＋6＋6＋2＋2＝26＝8（ライフレッスン数8、気質数4）

	66	9
22		
1		

人よりもソフトにアプローチする人です。ポールのような男性
は女性とうまく働き、女性に理解されますが、少し脱線しがち
（出世コースを外れがち）です。

強い数を持つ女性の事例
ソニアの生年月日1944年7月24日
1＋9＋4＋4＋7＋2＋4＝31＝4（ライフレッスン数4、気質数4）

		9
2		
1	444	7

ソニアは生年月日に4を3つ持ち、ライフレッスン数は4、気
質数も4です。とても勝気であり、頑固です。ポジティブ、ネ
ガティブ、両方の意味で父親の影響が強く、それによってソニ
アはとても競争力があり、柔軟性がありませんし、不動です。
大きな家、お金、ものを所有することを安定だと思うタイプで
す。男性に対して競争心が強いですが、女性といるよりも男性

といることを好みます。

▌ バランスの悪い数秘表

1つのスペースに多くの数（3つ以上）はネガティブなポイントになります。バランスの欠如または、そのエネルギーが増加することによって、他のスペースに数が欠如し、エネルギーが欠如していることになります。理想的な数秘表はバランスのあるものです。船と同じなのです。船内で均衡に荷が積まれていないとバランスが悪くなり、嵐の際に転覆してしまいます。

生年月日1966年6月12日
1＋9＋6＋6＋6＋1＋2＝31＝4（ライフレッスン数4、気質数9）

	666	9
2		
11		

この数秘表、6が3つあり過多なのでバランスが欠如しています。これによって、この人が不安定で愛、付き合いに妄想、しがみつきを持つことがわかります。

生年月日1988年8月8日
1＋9＋8＋8＋8＋8＝42＝6（ライフレッスン数6、気質数7）

第2章　数秘術をどのように応用して実践するか

		9
		8888
1		

この数秘表、8が4つあり過多なのでバランスが欠如していま
す。セックスとお金に関してトップになりたいという人です。
気難しく、アグレッシブで権力志向です。8のよい部分が非常
に大きくなりすぎ、よりネガティブな影響となります。また、
8が多い人は怒りにあふれています。

生年月日1941年11月11日
1＋9＋4＋1＋1＋1＋1＋1＝19＝10＝1（ライフレッスン数1、
気質数4）

		9
111111	4	

多くの数が足りません。1が6つあるのでバランスが崩れてい
ます。1が多すぎる場合、活動過多になり、辛抱強さがなく、
攻撃的になります。自分の潜在力にもっと気づき、弱さを強さ
にすることに取り組みが必要です。

各数が欠けている場合

◎ **1**
やる気、率先的行動力に欠け、スタミナもない

◎ 2

育む、いつくしむこと、やさしさ、愛情（受け取ることと与えること）に問題がある。母親との問題を抱える

◎ 3

どう感じているかを表現できない、効率的なコミュニケーションができない

◎ 4

計画性、現実性に欠ける。父親との問題を抱える。体力もあまりない

◎ 5

ゴールを達成することが難しい

◎ 6

バランスと調和を見つけるのが難しい

◎ 7

クリエイティブなことを追求したり、新しいアイディアがわきにくい

◎ 8

やる気とパワーの欠落

◎ 9

問題解決の能力に欠け、人から孤立しがちになる。人への気持ちに欠ける

こういう欠落した数がある場合、正直さ、辛抱強さ、献身さを使って時間をかけて克服することです。
あらゆる問題に適切に対処し、弱さに直面することです。弱さの中に眠っている強さがあるのです。

memo

【ケーススタディ】リンクナンバーが欠けている場合
  （ライフレッスン数を置いてみる）

サムの生年月日1973年11月19日
1＋9＋7＋3＋1＋1＋1＋9＝32＝5（ライフレッスン数5、気質数3）

3		99
	<u>5</u>	
1111		7

これもバランスが悪いです。1が多いので多くの輝きはありますが、リンクナンバーがありません。リンクナンバーは他の2つの数をつなぐ役目の数であり、7と8と9、1と2と3、1と5と9のような前述の組み合わせを創造します。ここでは、2、4、5、6、8がリンクナンバーです。5は重要なリンクナンバーです。他の数の真ん中に位置する数です。サムの数秘表にはリンクナンバーがなく、潜在力が散っています。しかしながら、ライフレッスン数の5を効果的に使って取り組めば、世界征服者になれます。7と3があるので批判的になる傾向があります。2、6などの優しい、センシティブな数がないので、優しさを示すことができない、人間関係、恋愛に問題がある、健全な仕事と人生のバランスを見つけにくくなっています。

サイモンの生年月日1977年 7 月 7 日

1 + 9 + 7 + 7 + 7 + 7 = 38 = 11（ライフレッスン数11、気質数 5 ）

		9
111		7777

これもバランスが欠如した数秘表です。 7 がとても多いのでサイモンは頭がよく、発想力が豊かでアクティブに四六時中考えています。新しい考えを素早く簡単に理解しますが、いろんなアイディアがあるために一度に多くのことに手を付け、多分、完了しないでしょう。優しい、センシティブな数がありませんので、人間関係、恋愛に苦しむでしょう。サイモンは頭のよくない人が好きではなく、自分と同じように頭がよく、才能のある人たちとともにいることを好みます。セカンドラインの 3 と 8 によって、強く、パワフルな数である11がライフレッスン数です。11はマスターナンバーです。サイモンは、潜在力を十分に発揮するために自分でビジネスをする必要があり、アイディアをちゃんと完了することを後押しされる必要があります。

【ケーススタディ】リアムのリーダーシップの欠如

リアムの生年月日1948年6月25日

$1+9+4+8+6+2+5=35=8$

	6	9
2	5	8
1	4	

リアムは、リアムの選択した分野で聡明で才能があります。優しい、センシティブな数とパワフルな数を持ち、いいと思いますが、3と7がありません。リアムとセッションをすると、リアムは自分のために声を上げたり、ちゃんと才能を表現していないとわかりました。3はコミュニケーションと表現、7はアイディアと聡明さに関連しています。リアムは自身で選択してやっていることを得意にしていますが、ルールに従い、狭い箱の中から飛び出して活躍しようとはしません。リアムにとっての最大の問題は3と7の欠如つまり、$3+7=10=1$です。これは次のところで説明しますが、1は生まれながらのリーダーということです。1が課題であるとリアムが理解し、克服のために取り組めば、もっと満足できます。多くの潜在力のある人ですが、まずは自分を信じる必要があります。

あなたの課題、隠された潜在力を数から知る

数秘表の中で欠けている数を出してください。それをすべて一桁になるまで足すのです（この場合、マスターナンバーは関係ありません。11は2にしてください）。そうすると、まだ使っていない、隠された潜在力を知ることができるのです。これによって、識別が素早くでき、人生のゴールを達成できるのです。

隠された数（チャレンジ数）が語るあなたの具体的な課題

表の中で欠けている数がわかれば、人生の隠された課題がわかります。以下の数が表から欠けている場合、あなたの隠された人生のチャレンジを示します。

◎**1 … 自信を持ち、率先すること**
　新しいアイディアを率先して始める
　肉体を強化する
　自分を信じる

◎**2 … 個人的なことに取り組む**
　育む、いつくしむことに取り組む
　母親に関する問題に取り組んだり、母親であることに取り組む
　家族の問題を解決することに取り組む
　子供または子供時代の問題に取り組む

◎ 3 … コミュニケーションの改善

声に出して話し、内なるフィーリングを表現することに取り
組む

効果的に書くことに取り組む

話し言葉を使って影響を与えることに取り組む

チームの一員となることに取り組む

◎ 4 … 学ぶこと、コミットをする（何が何でも達成する）

ポジティブに手綱を握ることに取り組む

強さを発見することに取り組む

父親、父親であることに関する問題に取り組む

◎ 5 … 成功へのリンクナンバー

旅、より高い学びに取り組む

もっとポジティブであることに取り組む

自分を疑わないことに取り組む

ビジョン、夢を使うことに取り組む

◎ 6 … バランスと愛をもっと発見する

自分を愛すること、大切にすることに取り組む

人生で欠けているバランス、調和、愛を発見することに取り
組む

もっと自由に愛を表現することに取り組む

もっと微笑むこと、もっと心から大きなハグをすることに取
り組む

◎7 … アイディアを出す、素早く考える

人から学ぶことに取り組む

自分の考えを疑わないことに取り組む

聡明さはあらゆる形で存在すること（学問的、発想力の豊かさなど）を知ることに取り組む

あなたのアイディアを実行することに取り組む

◎8 … お金と力に関する問題を克服

性的テクニックを改善することに取り組む

手綱を握ることに取り組む

褒め言葉を伝えられたら受け取ることに取り組む

先導することに取り組む

お金の扱い方をお学ぶこと（コースなどに参加）に取り組む

◎9 … もっと深く考える、もっと霊的になる

自分をより深く理解することに取り組む

直感を信頼することに取り組む

感覚を磨くことに取り組む

もっとクリエイティブなこと、趣味をすることに取り組む

【ケーススタディ】ジョンの隠されたチャレンジ

ジョンの生年月日1978年3月15日
1＋9＋7＋8＋3＋1＋5＝34＝7

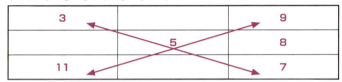

ジョンは非常に頭がよく、才能のある人です。聖アンデレ十字（✕）があります。3と5と7、1と5と9の組み合わせが同時にあります。高い達成を意味しています。すべてのパワー数を持ち、成功志向です。欠けている数も存在する数と同時に重要です。ジョンの数秘表には2と4と6が欠けています。優しさ、愛、現実的という数です。これらを足すと、2＋4＋6＝12＝3です。2が欠けているので母親との問題、4が欠けているので父親との問題、6が欠けているので愛と自分の価値に関する問題があるのがわかります。ジョンの隠されたチャレンジは3なのでちゃんと話すことです。自分の中にあるフィーリングを家族と愛する人たちに表現し始めることです。人生に欠けている愛とリスペクトを得たら、ジョンは欠けているものを満たし、より幸せでバランスのある人になるのです。

あなたの数秘表を作成しましょう！

memo

第3章

9年サイクルから人生のリズムを読み解く

人生には
9年周期のサイクルがある

人生には9年のサイクルがあります。9年でサイクルは終わり、脱皮し、また始まるのです。サイクルによって、人生の重要なポイントがわかり、だいたいこういうことが起きるだろうなと予想が可能です。数秘術がわかっていれば、明らかなパターンがあるのがわかるでしょう。多くの人は9年周期のサイクルを経験します。人生での出来事、人間関係、仕事、たいてい9、18、27年とサイクルがあります。人生での重要な出来事をピックアップしてみましょう。たとえば結婚、仕事、健康などです。人生でのパターンに気づきませんか？

事例
ジョカスタの生年月日1947年6月22日
1＋9＋4＋7＋6＋2＋2＝31＝4

生まれてから9年周期で起きた出来事（西暦から毎年出すパターン）
18歳で結婚
＝2×9年のサイクル
36歳で離婚
＝2×9年のサイクル
新しい付き合いが36歳で開始

＝ ２ × ９ 年のサイクル

54歳で別れ

＝ ２ × ９ 年のサイクル

また、ジョカスタのライフレッスン数は４であり、４の場合、愛すること、人間関係、コミットすること、頑固さと変わらないことを克服する学びがあります。愛する人を信頼することも学びです。ライフレッスン数からもう一つ重要なサイクルを知ることもできます。ライフレッスン数が４の場合、９年サイクルの９を足すと４（９＋４＝13＝４）ですので４歳から始まり、13、22、31、40、49という９年ごとのサイクルを割り出せます。こちらもライフレッスン数に関連して、あなたの年齢から見たターニングポイントになります（ライフレッスン数から出すパターン）。

▌あなたの今年のサイクルを計算しましょう

９のサイクルの中であなたがどこにいるか、簡単に知ることも可能です。あなたの生年月日の誕生月と誕生日と今年を足せば、今年のあなたのサイクルがわかります。前述のジョカスタは、６月22日生まれなので、今年を2015年とした場合、2015年＋６月＋22日＝２＋０＋１＋５＋６＋２＋２＝18＝９となり、2015年にジョカスタは９のサイクルを始めます。９は終わりと完了のときです。あなたの新しいサイクルは誕生日周辺に始まります。１月から３月生まれは年が変わったあたりに変化を感じるでしょうが、４月生まれ以降の誕生日の人たちは、１年の後半周辺

第3章　9年サイクルから人生のリズムを読み解く　*111*

から新しいサイクルを感じることでしょう。

あなたの今年のサイクルを計算して出し、今年の誕生日以降に
あなたが入るサイクルを見てみてください。それぞれサイクル
で出現しやすい問題、チャンスを知っておくと準備になります。
それぞれのサイクルで経験する可能性のあることは以下の通り
です。

◎ **サイクル1**
始まり、情熱、活力、燃えるエネルギーがあります。周囲の人
たちの手助けで自信を持って新しいことをするときです。やる
気も情熱も満ちているときです。人が続くような輝く道を開拓
するのに理想的です。マネージャーはスタッフに最大限に力を
発揮させようとするでしょうし、その情熱とコミットメントが
人にも伝わります。このサイクル前（9年のサイクル）に計画
したことが始動され、もっと楽に進展するでしょう。新しいス
タッフの雇用、新しい装備の購入、新しいプロセスとシステム
の導入にもいいでしょう。サイクル1のよくない傾向はペース
が速く、激しく、細かいこと、間違いに目が行き届かなくなる
ことです。

◎ **サイクル2**
プライベートと人と交流する（どう共生するか）ことに関連し
ています。プライベートが仕事を侵食する可能性がある時期な
ので、それに気づいていることが重要であり、仕事とプライベ
ートの区分けをきちんとすることです。プライベートを仕事に

持ち込んだり、仕事をプライベートに持ち込まないことです。スタッフに対処する際、思いやりと理解を持つときでもあります。あなたが扱われたいように扱うことです。共通のゴールを達成するためにチームをまとめるときでもあります。チャンピオンになるチームは、必然的にチャンピオンたちがいるチームが勝ちます。利口なマネージャーは、サインを読み、すぐに行動をし、問題を解決し、上昇気流に乗ります。あなたがチームの一員なら、あなたのプライベートによって仕事の流れが邪魔されないようにしてください。このサイクルでは、家族、パートナー、子供、母、父（離婚、人間関係の崩壊など）に緊張が出やすいときです。

◎ サイクル3

コミュニケーションのときです。策を弄するときであり、アイディアや新しいコンセプトを売るときです。さまざまな洞察も得るでしょう。自信を持ってください。頭脳が明晰になり、饒舌にもなります。あなたのエネルギーレベルに人も反応しやすいときです。上司に好印象を持ってほしい、給料を上げてほしい、昇進を求めるなら、今、そうするときです。失うときではなく、すべてを得るときです。履歴書を書いたり、契約をしたり、本を書いたり、ファイナンシャルプランをまとめるときです。企業のマネジメント、この時期に計画を成長に向けて動かすにはベストなときです。人がもっとお金を使うように説得できるときでもあります。話し言葉は、この時期にパワフルです。

◎ サイクル4

まとめ、学び、未来のプロジェクト、取引、学位に向けて方向
性を定めたりするときです。この時期は一生懸命働く時期です
が、一生懸命に取り組んでもあまりお金にはなりません。こう
いう時期を誰もが経験します。一生懸命ではなくスマートに働
き、5と6のサイクルで収穫することに備えるときです。4は
土地、不動産関連でもあり、こういう分野でのプロジェクトに
フォーカスしてもよいと思います。

◎ 5のサイクル

9年のサイクルの中で高まる時期です。これまでの4つのサイ
クルの中で基盤をきちんと構築しているなら、5のサイクルの
間、ポジティブな変化を起こすこと、仕事に関して仕事を変え
るべきならそうする、上のポジションに応募する、給料を上げ
るようにお願いするときです。旅をしたり、人生を楽しみ、仕
事、ビジネスを最大限に活かすとよいでしょう。結果を出し、
ポジティブな変化を起こすときです。

◎ 6のサイクル

バランス、調和、美に関することすべてです。ハッピーで調和
のある環境で働く必要があり、クリエイティブで芸術的取り組
みもしてください。家族、愛する人たちとともに外で時間を過
ごせば長い目で見て大きく役立ちます。この時期、自分の出し
方、外見が重要です。最善を尽くす在り方をし、きちんと身だ
しなみを整え、ベストな結果を心がけてください。職場では、
同僚の誕生日を忘れず、カードやプレゼントを贈るとよいでし
ょう。そうすれば、結合力が強まり、サポートが得られます。

おべっか、褒め言葉も言ってもいいでしょう。言われた人たちのエゴをくすぐり、奇跡が起きます。

◎ 7のサイクル

予期しないことに準備してください。素晴らしい輝きか、または大混乱となる大きな災害か、どちらかがある可能性があります。このサイクルでは、あなた自身に関して機知に富み、気づいていることが大事です。新しい発明、株を買うにもよいでしょう。クリエイティブなこと、テクノロジーに関すること、博愛的行為もよいでしょう。

◎ 8のサイクル

あなたをエキサイティングにし、成功へと駆り立てるチャレンジがあります。お金を稼ごうという気持ちになり、職場では達成することにフォーカスしますが、あなたの人生全体に対して達成しようと感じます。富を貯めようと思いますが、高価なものも購入してしまう傾向があります。不動産投資にはいいときです。1と5のサイクルのときに投資へのより多くのリターンを経験できる傾向があります。

◎ 9のサイクル

終焉に関連し、新しいことを始めるときではありません。まとめる、終わらせる、そういうときです。ビジネスの拡大は来年まで待ったほうがいいでしょう。1のサイクルに入るからです。1は始まりです。それには、お金に関する重要なこと、お金を支出すること、スタッフの雇用なども含まれます。この1年は

これまで9年のサイクルの間にたまったネガティブな慣習をきれいにし、止めるときです。同時に非生産的なスタッフの見直しをするときです。

ポイント

ライフレッスン数とサイクルの数が同じ場合、変化、成長、チャンスのときです。たとえば、1947年2月26日生まれ、すべてを足すと31になり、4がライフレッスン数です。この人が4のサイクルにいる場合、この人にとって大切なサイクルとなります。人生を見直し、4に相当する分野（学び、一生懸命に働くこと、家の建築）などにフォーカスする必要があります。

┃ユニバーサルイヤーナンバーによるサイクルの説明

ユニバーサルイヤーを知れば、すべての人や国にとってその1年がどういう1年になるか、大きな流れを知ることが可能です。1から9まで9つのサイクルがあります。今年はどんなサイクルかを知るためには単純に西暦の数を全部足します。1990年なら1+9+9+0=19=10=1であり、サイクル1のときです。1856年は1+8+5+6=20で2のサイクルです。今年1年のエネルギーと自分のエネルギーを知れば、ビジネスを含めて私たちの人生すべてに与えられる影響に対して計画し、適応可能です。ポジティブ、生産的なサイクルもあれば、非常に困難なサイクルもあります。あらかじめサイクルを知れば、人よりも先んじることが可能です。2023年を事例にすると、2+0+2+3で、ユニバーサルイヤーナンバーが7です。7のときは、騒動、災害、混

乱、変化、発明、発見があり得るときです。

2014年（ユニバーサルイヤーが7）、マレーシア航空機が突然2回の惨事に見舞われ、韓国ではフェリー事故が起きました。ウクライナでの紛争、ナイジェリアでの数百名の女子学生の誘拐、エボラ出血熱の発生、ギリシャでの経済危機などがありました。ポジティブな面として、彗星探査機の彗星着陸、ドローンなどが実現しました。

以下、それぞれのサイクルの内容を説明します。

◎ ユニバーサルイヤー1のサイクル（行動と新しい始まり）

激しくなることもありますが、アクティブで生産的なときです。1999年は1のサイクルの年でした。20世紀も終わりに近づき、新しい千年紀が始まります。ユーロが導入され、ヨーロッパのほとんどが統一されました。新しいゴールと夢が創造され、過去100年間で達成したことが人口増加などによって追い越されるでしょう。行動し、新しいプロジェクトを情熱を持って始めるときです。新しい始まり、発見、新しい分野に入っていくときです。1999年、中国は1のサイクルのとき、国全体が爆発的成長を遂げました。2008年、1のサイクルで中国は、さらなる成長と発展を遂げています。

◎ ユニバーサルイヤー2のサイクル（パートナーシップと女性）

1928年を全部足すと20であり、2の年です。歴史的な年です。女性の投票年齢が男性と同じになりました。2のサイクルの年、家族、人間関係、パートナーシップ、子供、女性、家庭に関す

ることに大きなフォーカスとなります。より大きな意味での家族、集合的なプロジェクトの年です。オリンピック、ユニセフ、ワールドビジョンなどです。協力、グループ、組織内での相互作用、特に女性に関するものです。2のサイクルの際、投資家、ビジネスピープル、こういう組織関連に携わるとよいでしょう。

◎ ユニバーサルイヤー3のサイクル（コミュニケーションと人との交流）

2001年を全部足すと3であり、3はコミュニケーションに関することすべてです。大ヒット映画が出やすい年でもあります。「ブリジット・ジョーンズの日記」、「ハリーポッターと賢者の石」などです。メディア、通信（携帯電話を含む）、コンピュータ、広告業界に関連しているといいでしょう。こういう分野に投資をするのもいいでしょう。映画、テレビ産業もよいと思います。あなたのライフレッスン数が3の場合、この年のユニバーサルイヤー3のエネルギーが役立ちます。契約を含む交渉、取引、あなたにとって望ましいものになります。

◎ ユニバーサルイヤー4のサイクル（構造と男性）

生み出すこと、作り出すこと、インフラ、政府関連プロジェクト、住宅開発、不動産開発、鉱山関連などの1年となります。1948年を全部足すと22で4です。この年、イスラエルが誕生し、開発が進みました。男性優位の業界にも関連しています。政治、建設、建築、契約などです。こういう業界で働く、投資をする、このサイクルで得るものが大きくなります。4は一生懸命に働くこと、献身さ、規律を守るということも必要とされます。

◎ ユニバーサルイヤー５のサイクル（拡大と旅）

拡大、旅、旅行業界、ビジネスのサイクルです。1958年を全部足すと23で５になり、アメリカとイギリスを横断する航空サービスもこの年に始まりました。企業合併、乗っ取りも頻発します。４のサイクルのときに株式市場を調べ、学び、この５のときに刈り取るとよいでしょう。上昇のサイクルだけではなく、このサイクルは急降下のサイクルでもあります。抜け目ない投資家は５の前のサイクルの中できちんと基盤を築きます。５のサイクルはコメディ、エンターテインメントにも関連していますので、ユーモアのセンスがあること、楽しむことが重要となります。

◎ ユニバーサルイヤー６のサイクル（バランスと調和）

バランス、調和を人生のあらゆる側面で発見するときです。1968年は全部足すと24で６になります。この年、ロンドンで「ヨセフ・アンド・ザ・アメージング・テクニカラー・ドリームコート」の初演が行われました。このサイクルでは、周囲を美しいものにする、平等、キャリアとプライベートのバランスなどにフォーカスが当たります。アート、アンティーク、ビンテージカーなどへの投資が合っています。しかしながら、メインのフォーカスとして自分の中心とリズムを発見することです。能力開発、健康と健やかさ、自分の出し方、容姿、そういう分野に集中してください。

◎ ユニバーサルイヤー７の年（発明と知性）

アイディア、発明、洞察、新しい発見のサイクルです。1978年を全部足すと、25で7のサイクルです。この年、イギリスで人工授精による試験管ベイビーが誕生しました。7のサイクルは騒動による激しい1年になります。危機、不安定なときに冷静でいることです。このサイクルで旅をする場合、細かいことにもっと注意し、気を配る必要があります。ホットな場所を避けることです。契約を徹底的に吟味したり、機器をチェックしたり、きちんと保険に入っていくことをおすすめします。新しいアイディアにあふれ、脳が活発になりますので、瞑想、リラクゼーションテクニックを実践し、ストレスと心配を軽減することが重要です。

◎ **ユニバーサルイヤー8の年（力と前進）**

企業の経営者が変わったり、乗っ取られたり、大きな投資、プロジェクトの1年です。膨大なお金と覇権争いが関係しています。1997年を全部足すと26であり、8のサイクルでした。香港ではイギリスの100年間の統治を離れ、中国に返還されました。8のサイクルのとき、大きなお金の持ち主が頻繁に変わります。賢い投資家は強欲に走りません。寛容さがこの時期、報われます。あなたが与えたものが何倍にもなって戻ってきます。重金属の採掘、石炭、ダイヤモンド、鉄、鉱石、金なども活発になります。大きなプロジェクトにあふれ、お金にもっとアクセスできるときです。お金を貯めたり、使ったり、自信を持っていて、これまで真面目にやってきたのなら、給料が上がるときです。

◎ ユニバーサルイヤー 9 の年（内省と終焉）

9 のサイクルです。控えめな 1 年です。新しいプロジェクトを始めるよりも、終わらせるときです。秘密と裏にあることにスポットが当たります。1989年を全部足すと27であり、9 のサイクルです。歴史では東ドイツが共産主義を終わらせ、ベルリンの壁が崩壊しました。古い機器、プロセス、ネガティブな慣習（職場と家庭）を終わらせるのに理想的な時期です。来る 1 のサイクルのことを考え、見直し、計画するとよいでしょう。新しいアイディアを行動に移すのは 1 のサイクルがよいでしょう。9 のサイクルは内省し、答えを自分の中に見つけ、霊的な進化に取り組み、小休止のときです。人生の修正のときです。満足や何かを得るために新しいことをしてはいけないということではありません。研究、医療科学、アート、ニューエイジヒーリング、健康リトリート、海洋プロジェクト（海底と海上）などの業界が注目されます。

【ケーススタディ】人生のサイクルを様々な数秘術で読み解く

アンジェラの生年月日1975年 2 月 6 日＝30＝3

アンジェラの誕生した日は 6 なので、美が好きであり、思いやりがあります。人生でバランスを保つことが好きであり、愛が大切な人です。

アンジェラの誕生月は 2 であり、深いレベルで家庭とパートナーシップが大切です。アンジェラは優しく、センシティブであり、人生で母親が重要な役割を果たしているのがわかります。

アンジェラの生まれた年は75であり、素早く考え、アクティブな脳を持ち、アイディアを拡大させることができます。想像力がたくましく、人生とビジネスにおいて冒険します。

アンジェラのセカンドラインは30であり、コミュニケーションと自分を表現することが大切ですが、ゼロがついているので 3 の効果が薄まります。コミュニケーションの際、気をつける必要があるということです。エゴにもとづかず、自分の意見だけが正しいと思わず、大きな声で不機嫌にコミュニケーションをしないことが大切だということです。

アンジェラのライフレッスン数は 3 です。アンジェラは、コミュニケーションをし、自分を表現し、人生の楽しいという側面

あなたの人生の転機を知る
方法があります

まず、生年月日を足してください。ライフレッスン数を出す際のセカンドラインの数、あなたの人生の転機の年齢です。

1975年2月6日生まれの場合、

1＋9＋7＋5＋2＋6＝30となり、セカンドラインは30です。この場合、30歳が人生の転機となります。人生で大きな変化を起こしたり、方向性を変え、それがのちの人生に大きな影響を与えるときです。多くの人がセカンドラインの年齢のときに大きな決断をしたり、方向性を変えます。この時期はあなたのエネルギーが高まっているときなので、この時期に向けて取り組んでいくほうが実現しやすくなります。セカンドラインの年齢を過ぎた後、変化したり、大きく方向性を変えることは難しくなります。

1978年9月9日生まれの場合、

1＋9＋7＋8＋9＋9＝43となり、セカンドラインは43です。この場合、43歳が人生の転機となり、人生の半ばから後半に大きく飛躍する可能性があります。人生の後半で突然、ボディビルディングを始め、ボディビルディングコンテストに優勝し、人

生の方向性を変えた女性がいましたが、この女性もセカンドラインが40代以降でした。

memo

だけにフォーカスをしないということが大切だということです。

2021年のアンジェラ

2021年＋2月＋6日＝13＝4。アンジェラのライフレッスン数は3であり、4の年の前の2020年の間にやってきたチャンスをここで手堅く、信頼できるプロジェクト、アイディアにできます。4のサイクルでは努力をし、5のサイクルで刈り取ることが可能です。4のサイクルで何かを学ぶコースに参加し、5と6のサイクルで刈り取る時期に入るのです。

▌月ごとに計算して1年を通したサイクルを知る

1年を通したサイクルを数秘術を使って知ることができます。アップ、ダウンを1年を通してあらかじめ知ることができます。1年のサイクルがわかるだけではなく、サイクルを分析できます。そうすれば、1年を計画できます。高まる時期、刈り取る時期、下降時期をあらかじめ知っていれば、準備しておけます。これからその方法をお教えします。

まず一番上に1月から12月まで書き出します。
次に今年のユニバーサルイヤーナンバーを計算しておきます。たとえば、2024年は8（2＋0＋2＋4）ですので、U/Nの列のそれぞれの月の下に8を入れてください。ユニバーサルイヤーナンバーは次の年に移行するまで変わりません。

U/Nの下のY/Nはあなたの個人的なイヤーナンバーを入れます。

1965年３月17日の場合、誕生日の3+1+7+2+0+2+4=19=10=1
です。この人の誕生日は３月であり、３月から１のサイクルに
は入りますので、１月と２月は９のサイクルです。

Y/Nの下にはM/N（マンスリーナンバー）をそれぞれの月に
入れていきます。１月を１として以降１つずつ数字を加算して
９月を９、10月は１と計算してください。11月は２であり、
12月は３です。
次に縦のそれぞれの月の数を全部足していきます。たとえば、
１月のところは8+9+1=18であり、それを１ケタにすると９で
す。２月のところは、8+9+2=19=1+9=10=1という風にそれぞ
れの月を計算してください。この計算が全部終わったら、それ
ぞれの月の最後のところの１桁数を見てください。これが、そ
れぞれの月にあなたの個人的なエネルギーのサイクルであり、
その時期に経験するものです。

ビルの生年月日
1965年３月17日＝1＋9＋6＋5＋3＋1＋7＝32＝5

	1	2	3	4	5	6	7	8	9	10	11	12
U/N	8	8	8	8	8	8	8	8	8	8	8	8
Y/N	9	9	1	1	1	1	1	1	1	1	1	1
M/N	1	2	3	4	5	6	7	8	9	1	2	3
	18	19	12	13	14	15	16	17	18	10	11	12
	9	1	3	4	5	6	7	8	9	1	2	3

この人のライフレッスン数は５であり、大きな変化を５のとき

（5月頃）に感じます。この時期がこの人にとって高まる時期であり、抜きんでるときです。

3月頃、9から1のサイクルに入りますので、変化を感じ始めます。

8月は素晴らしいときになります。ライフレッスン数が5であり、Y/Nが1のサイクルでM/N 8月は8のサイクルですので、投資、購入にはいい時期です。

人間関係、恋愛、家庭に関して、6月（6のサイクル）と11月（2のサイクル）がよいでしょう。

旅をするなら5月と6月（5のサイクルと6のサイクル）でしょう。

ビジネスを始めるなら2月（1のサイクル）、5月（5のサイクル）、8月（8のサイクル）、10月（1のサイクル）が理想的です。

あなたの月ごとのサイクル表を作成しましょう！

	1	2	3	4	5	6	7	8	9	10	11	12
U/N												
Y/N												
M/N												

memo ——————————————————————

第4章

成功と幸せに導かれる黄金の数秘術活用法

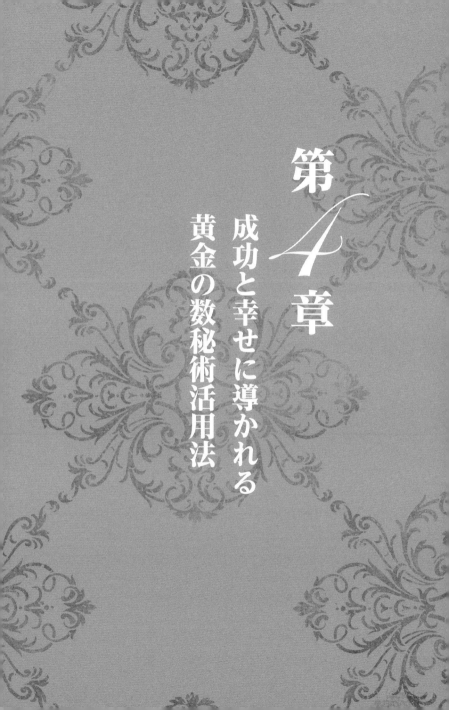

人生とビジネスで成功するために
数秘術はこうして使う

数秘術のコンセプト、数、数秘表、サイクルを理解したら、仕事、ビジネス、お金、人生にも使えます。ここでは賢い選択、適切なタイミングを知るための方法をご紹介します。

それぞれの数の意味を学ぶと、それぞれの月にあてはめ、個人的にあなたにどんな影響があるかがわかります。日はあまり重要ではありません。大変な１日、そこで対処することです。数は、私たちの道の道しるべであり、あなたの自由意志と切望することによって、運命の手綱を握るのです。数はあくまでもツールです。

もし、９の日の場合、たとえば2006年６月４日、２＋０＋０＋６＋６＋４＝18＝９、あきらめないことです。次の日まで大きな決断を待ち、１の日（始まり）に決めればいいのです。９の日には計画、細かいことにフォーカスし、無駄な慣習を止めれば、その日があなたにとってうまく機能します。投資によいのは１の日、５の日、８の日です。９の日に投資をするのはよくないでしょう（９は終焉です）。９の日は分析、準備、計画の日です。上司、スタッフにアプローチするのはどの数の日がよいか、それは上司、スタッフの数、あなたの数、ユニバーサルデイナンバーによります。給料を上げるお願いをする日、チームの生

128

産性をもっと上げる日、そういう日を出すのは面倒ですがトライする価値はあります。

‖ ベストなタイミングで人にアプローチする

給料を上げるお願いをするのによい日は、たとえば、トムが上司であり、生年月日が1946年5月26日の場合、33がライフレッスン数です。トムは2と6と33を持ち、思いやりのある人です。機嫌がいいときにアプローチするのがベストです。

トムのスタッフのレベッカは、生年月日は1982年3月18日です。32＝5であり、トムは2003年11月16日にレベッカに話をする場合、この日は5の日です。この日はレベッカに少し対処しやすい日です。レベッカのライフレッスン数は5であり、5の日にアプローチするのが合っています。5の日、レベッカのやる気を刺激し、より生産性を創造でき、レベッカも達成できるのです。

【ケーススタディ】成功のためのサイクルを使う

新しい契約、履歴書の準備、不動産の購入、株式の購入、最適な日とサイクルは3と8です。ポールと妻のサラは不動産購入を考えていました。ポールの生年月日は1965年11月28日（ライフレッスン数33）、イヤーナンバーを2003年で見る場合イヤーナンバーと気質数で割り出し、2003年＋11月＋28日＝17＝8（力、前進、お金）、サラの生年月日は1968年3月21日（ライフレッスン数は30＝3）、同じくイヤーナンバーを2003年で

見ると、2003年＋3月＋21日＝12＝3（法律、交渉、取引、契約、コミュニケーション）であり、不動産の購入のタイミングとして2003年はいいときです（マーケットの状況によって変わりますし、きちんとした法的アドバイスは必要です）。ポールは8のサイクルにいますし、サラは3のサイクルです。サラはライフレッスン数が3なので特にエネルギーが強まります。

memo

大切なポイント！ 運命の手綱を握るのは数ではなくあなた自身

あなたの自由意志と願い、それがいつも大切です。あなたが運命の手綱を握るのであり、数は単にあなたが成功するために使えるツールでしかありません。

ですから、数が問題があるように示していても、心配したり、あきらめてしまう必要などないのです。数はただの道しるべです。数を使い、楽に人生を乗り越えましょうという提案です。たとえば、あなたが9の月にいるなら、重要な決断は次の月の1のサイクルに入るまで待ったらどうでしょうか？ 9の月のエネルギーを使って細かいことまで考え、計画し、無駄なものは捨てるのです。そうすれば、1の月、あなたにとってうまくいくのです。最も大切なこと、誇大妄想をしないことです。株式市場に投資するのによいのは1、5、8の月、日です。9の月、日での投資はよいアイディアではないのです。9は終焉のエネルギーでもあります。9の月、日は分析、準備、計画に合います。

上司にアプローチするのにベストな時期（または、スタッフからベストなものを受け取る時期）は3つの要因があります。上司、スタッフの数、あなたの数です。給料を上げる交渉、チームの生産性を上げるには、数で調べて決めたほうがよいと思います。

数秘術を使って子供にどう対処するか

自分をどう分析するか、ご理解いただけたと思います。あなたの子供、子供の潜在力を今度は理解してみましょう。誰もが子供にベストなものを望むと思います。どの道に一番合っていて、どこに満足を感じるかを知りましょう。それぞれの子供が違うのです。子供に成功してもらいたいなら、子供のことをちゃんと知っていることです。すべての人が同じ道、分野で成功するわけではないのです。これから3つの事例を通して子供にどんな道が合うのかを説明します。

事例1

ノーマンの生年月日1995年4月23日

1＋9＋9＋5＋4＋2＋3＝33

3		99
2	5	
1	4	

デイナンバー23＝辛抱強さ、思いやり、自己表現

マンスナンバー4＝現実的、強い職業倫理、責任

イヤーナンバー95＝バランスのよいマインドであり、内省と分析ができる能力

気質数9＝辛抱強さ、直感、センシティブさ（優しさ）

ライフレッスン数33（マスターナンバー）＝生まれながらに人にやる気を与え、書く能力を持ち、テクノロジー好き

隠されたチャレンジ数は3（6+7+8=21=3）であり、最も深い部分にあるフィーリングを表現し、自分を信じること、より高いレベルの教育によく合い、達成しようという気持ちも強い人です。自分の未来にお金を投資しようとする可能性を持ちます。建築、エンジニアリング、ビジネスマネジメント関連のキャリアを追求したらと背中を押してあげるのがいいでしょう。強いコミュニケーションスキル、野心、職業倫理があるので、背中を押してあげれば、キャリアで成功するでしょう。

事例2
クリスの生年月日1995年8月24日
1+9+9+5+8+2+4=38=11

		99
2	5	8
1	4	

デイナンバー24＝エネルギーのバランスがよく、ポジティブな数です。平等、家族と楽しむという数です。

マンスナンバー8＝やる気、お金、素晴らしいビジネスセンス

イヤーナンバー95＝バランスのよいマインドであり、内省と分析ができる能力

気質数5＝アイディアの拡大と楽観主義

セカンドライン数38＝コミュニケーション、ビジネス、力

ライフレッスン数11（マスターナンバー）＝導くために生まれ

（自分またはチーム）、自立
隠されたチャレンジ数7（3+6+7=16=7）＝考えを表現し、本能を信頼する

クリスは生まれながらのリーダーであり、素晴らしい潜在力を持ちます。自立心があります。勉強すること、自分の達成に責任を持つことを励まされる必要があります。1と5と9の組み合わせによって、野心的であり、成功を望む子供です。2と5と8の組み合わせによって、お金を稼ぐ能力が素晴らしいです。銀行、金融、保険業界で特によいと思います。

事例3
サムの生年月日1999年9月9日
1＋9＋9＋9＋9＋9＝46＝10＝1

		99999
1		

デイナンバー9＝ポジティブな数です。深さ、洞察力、穏やかさ
マンスナンバー9＝内気、病的に考え込む
イヤーナンバー99＝分析しすぎ、深い、打ち解けない、内気
気質数9＝不安定で心配性
セカンドライン数46＝自分の中と父親、他の男性とのバランス
サードライン数10＝自立と衝動的
ライフレッスン数1＝エネルギー、やる気、リーダーシップ

隠されたチャレンジ数 8 （2+3+4+5+6+7+8=35=8） ＝内なる強さを持ち、力と人生の手綱を握ることに関する問題に対処する

複雑なキャラクターです。数を見ると、打ち解けず、内省的で少し孤独なのがわかります。9に数がありすぎであり、この数のパワーを増強し、より困難な影響を与えています。ゴールに到達し、成功するために人よりも大変な人生になりますし、より多くのサポートとガイダンスが必要です。研究、法医学、心理学、人類学、カウンセリング、クリエイティブ関連などが最も合っているでしょう。

2000年以降に生まれた子供たちは1900年代に生まれた人たちとは違います。2000年以降の生年月日には1または9がない場合が多く、1900年代に生まれた人たちが持っているやる気、問題解決能力に欠ける傾向があります。インターネット、現代のテクノロジーによって簡単に多くのデータ、情報を入手でき、昔のように自分で考える必要がない時代なのです。その結果、省略文字を使い、語彙が貧困になります。

2という数は母親の影響がより強いということを意味し、4の数を持つ子供たちがより少ないということは、父親の影響がより少ないということになりますので、父親が仕事が原因で子供への影響が少ないということかもしれません。父親が積極的に子供に関わることが重要です。また、2という数は育みであり、これまで以上に子供に与えすぎるということでもあります。子供たちもそれを期待しますが、よき人生を生きる教えにはなり

ません。

2000年代に生まれた子供たちは4、5、6の組み合わせが欠けた子供が多く、ネット上でパートナーを見つけようとします。ですので、子供たちが苦手とすることに取り組まなくてはならないのです。0を持つ子供たちも多く、人間関係により問題と困難さを持っている結果となります。親にとっても問題と困難さにつながります。つまり、親と同じ思考パターンを持たない子供たちによって、逆に親たちも教えられているのです。

‖ 2000年以降に生まれた子供たちの事例

ゆうこ
生年月日2008年9月3日
2＋0＋0＋8＋9＋3＝22（ライフレッスン数22）
頭がよく、かわいく、思いやりがあり、人との交流スキルもきちんと持っている女の子です。人に好かれるパーソナリティであり、他の子供たちともうまくやっていけます。母親との関係が近い子供ですが、父親がもっと子育てに関わる必要があります。それは自信とやる気の確立に役立ちます。ライフレッスン数22であり、マスターナンバーです。人の世話、癒し、カウンセリング等の仕事が合っていると思います。22は霊的数ですのでたくさんの洞察を持っている子供ですが、前述の道を行くのであれば、自分で取り組む必要があります。この子供の数秘表を見ると4、5、6が欠けていますので、愛を見つけ、お付き合いに発展することが難しいかもしれません。将来、恋愛に関

隠されたチャレンジ数8（2+3+4+5+6+7+8=35=8）＝内なる強さを持ち、力と人生の手綱を握ることに関する問題に対処する

複雑なキャラクターです。数を見ると、打ち解けず、内省的で少し孤独なのがわかります。9に数がありすぎであり、この数のパワーを増強し、より困難な影響を与えています。ゴールに到達し、成功するために人よりも大変な人生になりますし、より多くのサポートとガイダンスが必要です。研究、法医学、心理学、人類学、カウンセリング、クリエイティブ関連などが最も合っているでしょう。

2000年以降に生まれた子供たちは1900年代に生まれた人たちとは違います。2000年以降の生年月日には1または9がない場合が多く、1900年代に生まれた人たちが持っているやる気、問題解決能力に欠ける傾向があります。インターネット、現代のテクノロジーによって簡単に多くのデータ、情報を入手でき、昔のように自分で考える必要がない時代なのです。その結果、省略文字を使い、語彙が貧困になります。

2という数は母親の影響がより強いということを意味し、4の数を持つ子供たちがより少ないということは、父親の影響がより少ないということになりますので、父親が仕事が原因で子供への影響が少ないということかもしれません。父親が積極的に子供に関わることが重要です。また、2という数は育みであり、これまで以上に子供に与えすぎるということでもあります。子供たちもそれを期待しますが、よき人生を生きる教えにはなり

ません。

2000年代に生まれた子供たちは4、5、6の組み合わせが欠けた子供が多く、ネット上でパートナーを見つけようとします。ですので、子供たちが苦手とすることに取り組まなくてはならないのです。0を持つ子供たちも多く、人間関係により問題と困難さを持っている結果となります。親にとっても問題と困難さにつながります。つまり、親と同じ思考パターンを持たない子供たちによって、逆に親たちも教えられているのです。

2000年以降に生まれた子供たちの事例

ゆうこ
生年月日2008年9月3日
2＋0＋0＋8＋9＋3＝22（ライフレッスン数22）
頭がよく、かわいく、思いやりがあり、人との交流スキルもきちんと持っている女の子です。人に好かれるパーソナリティであり、他の子供たちともうまくやっていけます。母親との関係が近い子供ですが、父親がもっと子育てに関わる必要があります。それは自信とやる気の確立に役立ちます。ライフレッスン数22であり、マスターナンバーです。人の世話、癒し、カウンセリング等の仕事が合っていると思います。22は霊的数ですのでたくさんの洞察を持っている子供ですが、前述の道を行くのであれば、自分で取り組む必要があります。この子供の数秘表を見ると4、5、6が欠けていますので、愛を見つけ、お付き合いに発展することが難しいかもしれません。将来、恋愛に関

138

してハートだけではなく、ちゃんと脳を使って考える必要があると思います。健康面では特に胃腸関係に気を付けてください。生年月日に9がありますので、問題解決能力を持ち、生まれながらにクリエイティブなセンスがあります。8もありますので、経済的な自立ができ、将来には男性をうぬぼれさせる情熱を持つでしょう。この子はいい子であり、大きな潜在力を持ちます。音楽、舞台、メディアにとてもひかれるヒーラーです。

しゅん
2012年8月16日生まれ
2＋0＋1＋2＋8＋1＋6＝20＝2（ライフレッスン数2）

ハッピーで行動的な男の子であり、やる気を持ち、周囲の人たちへの思いやりと理解があります。母親が大好きですが、母親を試すように、大人になると人間関係に問題を持つ流れになる可能性があります。本当のバランスを見つけ、人生の道を実用的に進んでいくために父親との関わりがもっと必要です。ヘルス、医療、患者ケア等のキャリアが数を見ると合っています。人生を通して女性が周囲におり、女性とうまくやっていける人ですが、大人になるにつれて女性の扱い方、適切な女性との関わり方に問題を抱えるかもしれません。家庭生活でしゅん君を落ち着かせ、人生を通して取り組むよい環境を与えてあげると役立つでしょう。胃腸関連に問題を抱えやすいですが、いずれ大人になるにつれてそういう問題を克服すると思います。しゅん君は人生をうまくやるでしょうし、海外の国に興味を持つかもしれません。

名前を数秘術で読み解く

数秘術では名前より生年月日が重要ですが、人や組織などの名前もちゃんと見てみましょう。名前を数字に置き換えてみます。

1	2	3	4	5	6	7	8	9
A	B	C	D	E	F	G	H	I
J	K	L	M	N	O	P	Q	R
S	T	U	V	W	X	Y	Z	

事例：Mary Smith
MARYSMITH
4＋1＋9＋7＋1＋4＋9＋2＋8＝45＝9
メアリーの名前は9になります。ビジネスの際、名前を考えるといいでしょう。

事例：Seahorse Café
1＋5＋1＋8＋6＋9＋1＋5＋3＋1＋6＋5＝51＝6
ビジネスに良い名前です。6はとてもバランスのある数字です。

事例：The Money Choices
2＋8＋5＋4＋6＋5＋5＋7＋3＋8＋6＋9＋3＋5＋1＝77＝14＝5
これらはお金が入る数です。5はパワーナンバーであり、ビジネスの成功にはよい数です。

140

住所の番地番号を数秘術で分析してみましょう

	家庭	仕事場
1	アクティブで活動的	やる気が起き、プレッシャーがかかる
2	静かで家庭的	のんびりし、大事に育てる
3	とても社交的	生産的で器用
4	真面目、守り、かたい	生産的、構造的、かたい
5	祝福があり、ハッピーで幸運	多くのチャンスと笑い
6	あたたかく、ハッピーで家庭向き	気持ちよく、見かけもよい
7	明るく、喧嘩が起きやすく、エネルギッシュ	アイディア、クリエイティブさ、知性
8	問題になる、経済的、性的	力、支配、お金、エゴにフォーカス
9	分析的、霊的、問題的	プランニングと静かなビジネスには合う

あなたの住所に入っている数で、どんなエネルギーの場所かを調べてみてください。

事例：住所の番号

東京都新宿区○○町 1 − 1 − 5 ○○マンション201

⇒ 1 + 1 + 5 + 2 + 0 + 1 = 10 = 1

memo

最終章

サイキック×数秘術で近未来3年をリーディング

各ライフレッスン数の
3年間の傾向と対策

マスターナンバーの人たち（11、22、33、44）の場合、ライフレッスン数が11の人は 1 、22の人は 2 、33の人は 3 、44の人は 4 を参考にしてください。

‖ライフレッスン数 1 の2018年

―― バランスを見つけるとき

2018年は仕事とプライベートの時間とエネルギーのバランスを実現しなくてはなりません。あなたのペースが人から要求されることによって、押されたり、引っ張られたりするでしょう。プライベートも仕事も忙しくなりますので、優先順位にフォーカスし、言葉を賢く選択してください。卓越するチャンスですので、躊躇しないでください。

仕事 2018年、あなたは勝者になれますので、どんどん行ってください。

恋愛 プライベートもよい展望となりますが、努力をする準備をしてください。新しい関係はよいでしょう。

お金 今は経済状況がよいですが、浪費には気をつけてください。新しい契約をちゃんと詳細にわたって調べてください。

健康 喉や呼吸に問題があり、また胃が影響を受けやすい時期です。睡眠を十分にとり、ちゃんと休んでください。

旅 旅をするのによい時期です。シドニー、ロンドン、オーストラリア、イングランド、オランダが合っています。

食べ物 エビ、ココナツ、ブラックベリーなどを取り入れてください。

┃┃ライフレッスン数1の2019年

—— 計画を立てる

2019年は仕事に関して新しい人たちとの出会いがあり、新しい友人にも出会うでしょう。法的契約、新しい書類にサインすることはあなたの人生を高めるでしょう。仕事に関してきちんとした計画を持つことが素晴らしい展開をもたらします。仕事であなた自身を確立するにはよい1年です。

仕事 一生懸命に献身的に仕事に取り組めば、達成が実現されます。忙しいペースと要求に応えることにフラストレーションを感じるかもしれません。

恋愛 恋愛のエネルギーが高まり、新しい恋愛が出てきそうです。

お金 株式、不動産に投資をするのによい時期です。

健康 腸、背中、関節に気をつけてください。食べるものに気をつけることも大切です。

旅 旅をしたくなりますが、時間がないかもしれません。イタリアなどが合っています。

食べ物 卵と梨を取り入れてください。

┃┃ライフレッスン数1の2020年

—— ポジティブに考える

2020年はお金が欲しいなら、頑張らなくてはなりません。あなたの努力は報われ、未来につながるでしょう。仕事で出張が必要とされるのであれば、行ったほうがいいと思いますし、交渉をすればあなたが勝者になります。2020年は潜在力を広げ、新しい考えがあるなら、それに沿って行動をするときです。

仕事 仕事によい１年となりますので、断られても負けないことです。

恋愛 悪くはありませんが、フラストレーションを感じることもあるでしょう。

お金 貯金をし、お金を投資するときであり、浪費をしないでください。

健康 免疫に注意をしてください。特に旅をしているときです。肝臓の機能のバランスが崩れやすくなります。

旅 スペイン、シンガポール、アメリカ、ブラジルなどが合っています。

食べ物 エビ、ココナツを取り入れてください。

ライフレッスン数２の2018年

—— あなたのフィーリングに耳を傾ける

2018年はあなたのゴールを達成するためにチームワークと団結することが必要です。家族、恋愛、子供が中心となり、あなたのすることすべてに影響を与えます。全体的に女性にとってエネルギーのある１年となり、女性関連のコースに参加すること、子供を産むことも可能性として大きくなります。多くの可

能性が出てくるので、あなたの計画に合うかどうかを考えてください。あなたにとって、愛と優しさにあふれる1年となります。

仕事 仕事関連は全般的によいですが、仕事とプライベートのバランスが大変でしょう。子供のためにちゃんと時間を持ってください。子供はあなたの愛とガイダンスを必要としています。

恋愛 愛と幸せにはよいサイクルで、自然に流れるでしょう。

お金 入るよりも出ていくでしょうが、やがて改善するでしょう。予期せぬ出費に備えて蓄えをちゃんとしてください。

健康 婦人科系、胃腸、乳房に注意が必要です。男性は食べすぎに注意です。

旅 家族関連、重要なこと以外では旅のチャンスは少ないでしょう。イタリア、マドリード、ドイツが合っています。

食べ物 トマト、マグロを取り入れてください。

ライフレッスン数2の2019年

—— 楽観的に生きる

2019年は多くのことにあなたの意見が通り、人に影響を与えられます。休むことなく動きたくなり、旅をしたくなるでしょう。それが、あなたを行動へと導きます。ポジティブで目的意識のある人たちとつながってください。あなたは人をまとめるスキルを持ち、それが強くなります。ポジティブになり、あなたの夢を追ってください。

仕事 新しいオファー、昇進が出てきます。予期しない出張も

出てくるかもしれませんので準備をしておいてください。

恋愛 恋愛はもっと好調になるでしょう。唯一の問題は、あなたが愛する人と時間が取れるかどうかです。

お金 共同出資がよく、この方法でより早く求めるものを達成できます。共同購入、投資に多くの利点があります。

健康 消化器系の問題、エネルギーの不安定さが出やすくなります。食べ物に注意をしてください。栄養のあるものを食べ、ジャンクフードは避けてください。

旅 家族、友人との旅がよく、同僚との旅もよいでしょう。計画が最後に変更になる可能性もあります。スペイン、シンガポールなどが合うでしょう。

食べ物 ブルーベリー、卵などを取り入れてください。

┃ライフレッスン数2の2020年

—— 計画がカギ

2020年をよい1年にしたいのならば、きちんとした計画を持つことです。あまりかたいものではなく、柔軟性のあるものにしておいてください。あなたの夢、ゴール、心からの願いを統合するときです。男性と女性の間のバランスを実現するときであり、あなた自身の男性と女性のエネルギーにバランスを実現するときです。あなた自身が自分の外見、内面によさを感じるので、必要なバランスを発見できるでしょう。あなたの願いの多くが実現されるときです。

仕事 職場でのチャンスは、自分がしていることをちゃんと知り、一生懸命に働く、ではなく、スマートに働くことによっ

てもたらされます。

恋愛 満足な時間があるでしょう。あなたの心を開き、人とつながるにはよい時期です。

お金 あなたの計画に従えば、共同出資が簡単に出てきてポジティブです。

健康 体の健康に問題はありませんが、外見に気を配ってください。

旅 旅にはよいときですが、それほど旅をする機会はありません。家族旅行、恋人との短期のロマンチックな旅はよいでしょう。ベルギー、タイなどが合っています。

食べ物 アプリコット、魚などを取り入れてください。

ライフレッスン数3の2018年

── チャンス到来

2018年はチャンスと富の1年です。適切な時期に適切な場所にいれば、奇跡がもたらされます。新しいビジネスの取り組みでお金を稼ぐときです。海外からのアイディア、プロジェクトがあなたの進路と行動に影響を与える可能性があります。プレッシャーとスピードに対処できれば手に入れられます。

仕事 仕事が多くのサプライズをもたらし、新たな扉を開いてくれるでしょう。新しい企業との出会いもあります。海外とのつながりのある企業なら、もっとその可能性が高まります。

恋愛 恋愛にはよい時期ですが、多忙になるかもしれないので計画をちゃんとし、時間を作ることが必要になるでしょう。

お金 お金は流れ、入ってきますが、未来のために適切なとこ

最終章　サイキック×数秘術で近未来3年をリーディング　*149*

ろに使う必要があります。

健康 肝臓、免疫系、消化器、目に気をつけてください。

旅 旅が輝きます。旅をしてください。あなたのエネルギーの
バランスを実現し、とても楽しめるでしょう。スペイン、サ
ンティアゴなどが合っています。

食べ物 ブルーベリー、豆類などを取り入れてください。

ライフレッスン数3の2019年

── 流れるとき

2019年はあなたのユニークな才能、コミュニケーションの能力、
愛で目立ち、認められる可能性があります。影響力を持つ人た
ち、経営者たちなどはあなたのエネルギーにひかれます。恋愛
が高まるときですが、成功のためにはバランスが重要です。

仕事 適切に行動すれば、仕事は素晴らしいものとなります。
自信を持ってあなたの真実を話し、アイディアを表現してく
ださい。あなたの潜在力を侮らないことです。

恋愛 恋愛に最高の時期です。チャンスを逃さず、大切な人た
ちとの関係を育んでください。

お金 ある程度は貯蓄をして、ある程度は使いと、流れを楽し
んでください。あらゆる書類にサインをするのによい時期で
す。

健康 皮膚の問題、耳と足に注意してください。ジャンクフー
ドを食べすぎないでください。

旅 旅にはよい時期です。ロマンチックな旅を計画し、楽しん
でください。メルボルン、ハワイなどが合っています。

食べ物 ふすま、バナナなどを取り入れてください。

ライフレッスン数３の2020年

—— あなた全体を感じるとき

2020年は本能を取り戻し、あなたの直感を信じるときです。新しいアイディア、インスピレーションがぱっと強く出てきますが、問題発生、遅延、変化にも備えてください。混乱が生じても冷静さが大事です。

仕事 仕事の問題、プレッシャーがあり、困難な決断があるでしょう。革新、新しいコンセプトにエキサイティングさを感じるでしょうが、思い通りにならなくても急がず、怒らずにいてください。

恋愛 恋愛と情熱も出てくるときもありますが、素早くそういう状態になりますので先延ばしにしないでください。その瞬間をつかみ、それを最大限に活かしてください。

お金 お金を注意して扱ってください。特に契約のときです。細かいところまでチェックし、お金を使う誘惑に負けないでください。

健康 神経システム、睡眠障害、消化器、目、耳にプレッシャーとストレスで少々問題が出やすくなっています。考えないこと、瞑想が役立つでしょう。

旅 旅もよいですが、最後にスケジュールを変更する必要があるかもしれません。敵意とストレスにあふれるような場所への旅は避けたほうがよいでしょう。楽しく、のんびりできる場所がよいでしょう。スイス、バンコクなどが合っています。

食べ物 ライム、豆類を取り入れてください。

║ ライフレッスン数４の2018年

── 自信を持つとき

2018年、あなたは自分をアピールすることができ、流れと魅力をまといますので、出てくるチャンスを無駄にしないでください。自信を持ち、新しいことをしたい、新しいプロジェクトやコースに参加したいと思うでしょう。あなたの自然な魅力によって多くの人に見られ、仕事でもプライベートでもうまくいくでしょう。

仕事 仕事はチャレンジをともない、要求されることも多々ありますが、よいこともたくさんあります。やるべきことをちゃんとやっていれば、人はあなたに気づきます。

恋愛 今、本当に輝くことができます。パートナーにあなたにはロマンチックなスキルがあることを示してください。

お金 お金のことは誰もが心配しますが、特にお金のことを考えそうなときです。浪費癖をコントロールしてください。

健康 背中、腸、首、肩に症状が出やすいでしょう。食物繊維を取り、水分補給もちゃんとしてください。

旅 旅をする可能性もありますが、家で過ごすことにもっとひかれそうです。旅をするなら、楽しく、ロマンチックな場所へ旅をしてください。カナダ、リオデジャネイロなどが合っています。

食べ物 シリアル、ステーキを取り入れてください。

ライフレッスン数４の2019年

—— ボディ、マインド、スピリットのバランスを実現するとき

2019年は問題に直面してください。避けようとしても、そうするまでなくなることはありません。あなたにとって大切なことに取り組み始めるときです。いろんなアイディアにあふれるときであり、それを行動に移してください。仕事関連の人に話す場合、自信を持って話をし、あなたは必要なものを持っていることを示してください。話し、行動に移してください。

仕事 仕事はチャレンジにあふれるか、気持ちの上がるものになるかのどちらかとなります。あなたのアプローチによって変わります。大切な人たちには柔軟性を持ってください。いずれ、あなたにとってプラスになります。

恋愛 恋愛に輝きとポジティブな瞬間があります。楽しく、軽く、自然にしてください。あまりシリアスにすると、情熱の炎を消すことになります。

お金 お金にフラストレーションを感じますので、計画を立て、実行してください。浪費しすぎたりせず、お金の不足に準備してください。

健康 健康のためにストレスを減らしてください。燃え尽きないようにしてください。睡眠障害、消化の問題、疲労が影響を与えます。きちんとした日課を守り、続けてください。

旅 予期しない旅、出張があるかもしれません。慣れないところへ旅、出張をすることに突然なるかもしれません。仕事関連なら旅支度を常にしておいてください。スコットランド、フィジーなどが合っています。

食べ物 アスパラガス、ブドウなどを取り入れてください。

ライフレッスン数4の2020年

——— 力を発揮するとき

2020年は一生懸命に取り組むときです。収拾がつかないままにしておくと疲れます。力を発揮すべき強いサイクルであり、キャラクターの強さと献身さをあらゆることに対して示してください。田舎、公園、自然にあふれた場所で質の良い時間を過ごし、あなたのエネルギーのバランスを実現してください。

仕事 職場で時間を過ごすことが多くなりそうであり、チャレンジもともないます。一生懸命よりもスマートに仕事をしてください。それが、あなたに役立ちます。

恋愛 情熱が高まります。情熱にあふれること、あなた自身が好きだと思います。実現したいことがあるなら行動をし、愛情を示してください。

お金 驚くほどお金に関しては心配事が減ります。節約家にならないでください。そうでないと、人が狼狽します。

健康 怒り、フラストレーションが多くの問題になる可能性がありますので、バランスを保ってください。腎臓、生殖器、胆のうに問題が出やすくなります。

旅 旅は全般的によいですが、多くはありません。旅以外のことで頭がいっぱいです。後半に旅のチャンスが出てきます。オーストリア、オタワが合っています。

食べ物 カリフラワー、コメを取り入れてください。

154

‖ ライフレッスン数5の2018年

──── 流れに任せるとき

やる気と情熱にあふれますが、フラストレーションもあり、少し難しい1年となる可能性があります。確かなことは、この1年は退屈な1年ではありません。物事は完了しますが、必ずしもあなたの思うタイミングではありませんので、気晴らしをする方法をちゃんと持っていてください。とても潜在力のある1年であり、ゴールを見失わないでください。特に人と意見がぶつかったときにはそうしてください。

仕事 いろんなことが起き、多忙です。ベストなアドバイスは、あらゆる分野で流れに任せるということです。自分で仕事、ビジネスをしている人たちは輝くでしょう。

恋愛 愛と情熱が好調ですが、あなたのパートナーとの整合性があればです。そうではないなら、フラストレーションとなります。短期の旅が役立ちますが、完全に満足はしません。出てくるチャンス、それが何であれ、最大限に活かしてください。

お金 お金、投資、新しいプロジェクトに目がいきますし、とてもうまくいくでしょう。あなたの洞察力を使い、判断力を信頼してください。

健康 あらゆることにおいてやりすぎに気をつけてください。過食、ジムでの運動のしすぎ、ビタミンの過剰摂取などが免疫システムと肝臓によくありません。

旅 仕事でもプライベートでも旅はよさそうです。家族、友人と旅をし、つながるにはよい時期です。コペンハーゲン、ブ

リュッセルなどが合っています。

食べ物 ナッツとリンゴなどを取り入れてください。

ライフレッスン数5の2019年

—— 自信を持つとき

2019年、あらゆる状況で自信とポジティブさが役立ちます。ビジネスであれ、何であれ、これまでの範疇から拡大するのにとてもよい1年です。潜在力にあふれ、ポジティブなものを引き寄せることができます。仕事で大いに活躍できるときですので逃さないでください。

仕事 前を走ることができ、交渉はあなたにとって有利です。お金がより入り、昇進もあるかもしれません。

恋愛 愛と情熱が高まるときですが、それを楽しむ時間を見つけるのが大変です。あなたが関心を寄せるものがたくさんありますが、楽しめるでしょう。

お金 とてもよい1年ですし、お金を稼ぐチャンスがたくさんあります。あなたの洞察力と判断力を示し、ゴールを達成できるでしょう。どこにお金を使い、投資をするかを知るので、それも役立つでしょう。

健康 やりすぎの傾向を持ちますが、食べるものと健やかさ全般に関心を持つことが大切です。運動を定期的に行い、余分なカロリーを消費してください。

旅 仕事でもプライベートでも旅をすること、とても楽しめますし、よいでしょう。ジャカルタ、ギリシャなどが合っています。

食べ物 豆類、全粒粉パンなどを取り入れてください。

‖ ライフレッスン数５の2020年

―― 計画に従うとき

2020年は違うアプローチをするときです。好調なときも低調なときもありますが、この１年は両方があります。多くを達成できますが、戦略を持ち、実践する必要があります。人にフラストレーションを感じるか、あなたの成功がねたまれる可能性があります。計画に沿って進めてください。

仕事 多忙ですが、多くの意味で報いもあります。人はあなたと考えを同じにしないかもしれませんので、できるだけ柔軟性を持ち、適応してください。不動産、投資がいいでしょう。

恋愛 何かしようとインスピレーションを受けたら、行動してください。あなたの愛する人につながり、どう感じているか、何を必要としているかに気づくことが大切です。

お金 お金は自然にバランスが実現され、現実的な問題にはならないでしょう。お金の扱い方に自信を持ってください。賢く使うことを忘れないでください。

健康 水分補給を怠らないことが重要です。アルコールとカフェインの過剰摂取には気をつけてください。泌尿器系、感染、疲労、副鼻腔、頭痛に注意です。

旅 旅にはとても満足を感じますし、楽しめます。クリアなプランを計画し、実行しないと、他に優先することが出てくる可能性があります。ケニア、アイルランドなどが合っています。

食べ物 イチゴ、セロリなどを取り入れてください。

┃ ライフレッスン数6の2018年
── 変える力を使うとき

2018年、心があたたまり、多くの意味においてあなたの情熱に火が灯されます。あなたが努力することが報われるときです。個人的に多くの変化を遂げるときでもあります。冷静になり、注意して言葉を選択し、行動をしてください。共同出資に注意をし、きちんと考慮してください。そうではないと、誤解が生じます。

仕事 マインドのバランスと平和を職場で見つけやすい1年です。あなたが手綱を握る場所であり、人に翻弄され、意にそぐわないことをやらされないようにしてください。

恋愛 全般的に恋愛によい1年ですが、最高の結果のために戦術的になり、理解を持つことが大切です。2018年の中頃に恋愛が高まります。

お金 思い通りになりますし、偶然ではありません。あなたは、エネルギーを読み、最大限にエネルギーを使うのです。流れにうまく乗っているのでお金に関して循環します。

健康 旅先、熱帯気候の下では皮膚に気をつけてください。こってりとしたものを食べすぎると胃に影響が出るか、すでに抱えている健康問題が悪化します。

旅 旅はとてもよいでしょう。旅をすることでよきことが得られます。独身なら、新しいロマンスが出てくるかもしれません。スウェーデン、マレーシアが合っています。

158

食べ物 卵、桃を取り入れてください。

┃ライフレッスン数6の2019年

── ギブアンドテイクのとき

2019年、自然なエネルギーの流れがあなたに調和とバランスをもたらします。コミュニケーションスキルとあなたの洞察を信頼することが強まる1年です。必ずしもお金持ちになるわけではありませんが、あなたの気持ちが上がり、満足します。そういうことってあまりないことです。

仕事 仕事はうまく流れますし、人を味方につけるときです。人と交流をし、新しい友達と出会うときでもあります。

恋愛 関係を深めるよりも楽しむときです。あなたもそれを求めるでしょう。楽しんでください。

お金 お金、契約を結ぶ、書類にサインをするなどよいでしょうが、細かいところまでちゃんと読んでください。サインをしてしまうと、それに縛られます。

健康 呼吸の問題、胆のう、リンパ腺に注意をしてください。風邪をひきやすく、悪化する前に対処してください。

旅 新しい場所を探求し、新しいことをしてください。海に行く、客船で旅をするのもよいでしょう。あなたの外見も輝かせることを忘れないでください。パリ、バハマなどが合っています。

食べ物 魚、トマトなどを取り入れてください。

ライフレッスン数6の2020年

—— スムーズで濃密なとき

2020年は結果を得るときであり、あなたの内なる強さをすべての人に示すときです。より大きな観点ではあなたにとってうまくいくのです。チャンスを得るためには他のところへの引っ越しを考えるかもしれません。もし、引っ越すのならば、恋愛でも仕事でも後退はしません。肉体を使うときであり、あなたの外見も重要です。

仕事 多くのよいチャンスが出てくるか、多くのチャンスに目がいき、興味を持つかもしれません。よきリーダー的役割があり、素晴らしい時間を過ごせます。

恋愛 愛と情熱が高まりますので、エネルギーにあふれたパートナーと出会い、楽しんでください。

お金 お金は流れ、必要なときにはちゃんとあります。お金を稼ぐにもよい時期です。自信を持ってください。

健康 骨、関節、腸に注意してください。カイロプラクティックまたは、エネルギーヒーリングがあなたのバランスに役立ちます。

旅 多くの旅がありますが、仕事と家族関連での旅の可能性があります。旅でエネルギーを感じるので感謝にあふれるでしょう。オークランド、香港などが合っています。

食べ物 豚肉、貝類を取り入れてください。

ライフレッスン数7の2018年

—— エネルギーを感じるとき

2018年、周囲で何が起きているか、世界で起きていることに多くの洞察を得るでしょう。人が考えていることを読めるような気がしますが、あなたは状況をより正確に読んでいるというほうが正しいでしょう。あなたのフィーリングを信頼し、あらゆることを無視しないことです。

仕事 仕事は好調と不調があり、気を散らせたり、フォーカスを失わないようにしてください。いいことはあるのですが、それに合わせ、最大限に活用することです。

恋愛 深く、意味のあるものになる可能性があります。あなた自身も愛に関して多くを夢見ていることに気づきます。どこかに小旅行すると、あなたにエネルギーを与えるでしょう。

お金 流れはあまりよくありません。好調なときもありますが、仕事以外でお金を儲ける可能性はあります。株式、投資などです。

健康 気持ちが落ちたり、注意散漫になりがちです。サイキックリーディング、瞑想、リラクゼーションなどが役立つでしょう、頭痛、背中、肩、足に注意をしてください。

旅 休息と楽しむための旅をしてください。あなたは脳を使う人であり、アクティブな脳のバランスに役立ち、不活性なシステムに役立つでしょう。休息が大切です。パリ、ブダペストなどが合うでしょう。

食べ物 ねぎ、キノコ類を取り入れてください。

ライフレッスン数7の2019年

—— あなたの力を発揮するとき

2019年はペースが速くなり、ポジティブに力を発揮します。多くのアイディアが浮かび、行動するエネルギーとやる気にあふれます。人生で大きく前進するときです。書く、話すなどのコミュニケーションの力も高まります。人があなたに気づくでしょう。

仕事 あなたの取り組んでいるプロジェクト、仕事を確実にするときです。動き回らなければならないでしょうが、これから5年間にそれが報われます。

恋愛 アクティブで情熱的な時期ですが、適切に流れるように時間を使ってください。楽しい時期になるでしょう。

お金 とても幸運ですが、望まないことに人の影響を受けないようにしてください。衝動買いもしないでください。

健康 心配、緊張、血圧、呼吸、鼻の問題が浮上する可能性があります。バランスを維持すれば最悪は免れるでしょう。

旅 近距離、中距離、長距離の旅が混ざり忙しくなります。エジンバラ、ニューヨークなどが合っています。

食べ物 スイカ、メロンなどを取り入れてください。

ライフレッスン数7の2020年

—— アイディアと計画のとき

2020年はあなたの自立心が顔を出し、あなたのパーソナリティの新しい面が輝きだします。いつもあったものですが、今、世

界のエネルギーがあなたのために働きだします。宇宙の力のつながり、あなたのために存在する報酬を受け取ってください。

仕事 仕事が強く出てくるときですが、ともに働く人たち全員に必ずしも同意するわけではありませんし、その人たちもあなたに対して同じでしょう。より革新的であってください。しかし、あなたの考えを周囲の人たちが理解する時間を与えてください。

恋愛 楽しく、恋愛を通して発散できます。あらゆるチャンスを無駄にしないでください。愛する人とよき時間を過ごすこと、あなたによきことになって戻ってくることを忘れないでください。

お金 全般的にポジティブですが、どう扱うかには注意をしてください。使う前に考え、最も重要な分野に集中してください。

健康 とてもよいですが、いろんなことを考え、健康を考える時間がありません。消化器系、腸、神経システムに注意をしてください。

旅 旅をするにはよい時期です。一人で旅をしても、新しい人たちと出会い、すぐによいつながりとなるでしょう。この1年はよい思い出であふれそうです。コスタリカ、ブリスベンが合っています。

食べ物 全粒粉シリアル、ベリーを取り入れてください。

‖ライフレッスン数8の2018年

—— チャンスがやって来るとき

2018年、より大きな世界と満足が提供されます。あなたはすでに才能があり、よきコミュニケーションのスキルもあり、引き下がることはないのです。誰もがよかった1年を忘れることはないでしょうし、この1年はあなたにとってそうなります。明るく輝いてください。

仕事 成功、お金、達成が実現し、すべていいでしょう。

恋愛 愛と恋愛が高まり、周囲にたくさんあふれます。常に瞬間を楽しんでください。

お金 自信を持って前進してください。お金があなたのためにうまく進んでいきますし、幸運です。適切なときに適切なことをしてください。

健康 腎臓、呼吸、胃に注意をしてください。

旅 旅によってポジティブな経験に導かれるので楽しんでください。北京、オーストリアなどが合っています。

食べ物 豆腐、牛乳などを取り入れてください。

‖ライフレッスン数8の2019年

—— 行動のとき

2019年はアイディアを行動にするときです。より楽にあなたの考えを人に伝えられる1年です。リーダーシップスキルを使い、潜在力を広げてください。願っているだけではだめです。行動です。

仕事 多くのチャンスがあるのでものにしてください。新しい人との出会いが出てきますので、忙しいスケジュールの中でも時間を作ってください。

恋愛 もし独身なら、あなたの脳と心は2人の人によって裂かれます。選択が必要になります。すでに誰かと付き合っている、結婚をしているなら、感情的な満足になる時期です。

お金 お金の心配は要らないでしょう。愛する人のためにお金を使えば、多くの喜びがもたらされます。

健康 呼吸、肺、鼻に注意をしてください。腎臓または肝臓のバランスが必要です。

旅 旅はあなたの人生によいですが、同じパターンの旅をしそうです。旅のパターンを変えてください。そうではないと、同じことを繰り返します。デンマーク、ストックホルムなどが合っています。

食べ物 麺、イワシなどを取り入れてください。

ライフレッスン数8の2020年

—— ためらわないとき

多くのことを達成できます。この1年は開花すべきように開花します。あなたが取り組める範囲、潜在力がわかるでしょう。エキサイティングな1年ですし、辛抱強さ、計画、集中力を使えば結果が出ます。

仕事 好調です。必ずしも黄金のチャンスが出てくるわけではないので、そういうチャンスをつかんだら、最大限に使うことです。

恋愛 きちんと扱ってください。愛する人と賢く時間を過ごす計画をしてください。恋愛、結婚など、多くの輝きとポジティブなエネルギーがあります。

お金 お金は十分にあります。適切な分野にお金を使い、貯めればもっと出てきます。

健康 多くの果物、野菜、水分を取ってください。内臓、手、肩、足にも気をつけてください。

旅 たくさん動くでしょうが、ゆったり感はありません。後半に旅の時間はあります。仕事関連の旅が突出しています。グリーンランド、スリランカが合っています。

食べ物 ライム、ブドウを取り入れてください。

║ライフレッスン数9の2018年

—— 考えを行動にするとき

2018年、仕事であなたが適切な道にいると思うのであれば、チャンスにアクセスできます。あなたはそれがあなたを満足させ、力をあなたに与えるかどうかということを考えるでしょう。それが、あなたの思考と行動に火をつけるのであれば、よいことです。あらゆる選択と決断をする前、よく考えてみてください。

仕事 好調の可能性はありますが、あなたが未来に望むことを満足させますか？　海外での仕事のオファー、または、より得るものがある可能性に考え込みそうです。新しい仕事分野での可能性が開き、腑に落ちそうです。

恋愛 よいでしょう。必要であれば、愛もサポートも出てきます。軽い感じでの楽しみが奇跡をもたらします。

お金 お金が動機になりやすくなります。経済状態はほぼ大丈夫でしょう。家族から経済的なサポートを求められるかもしれません。

健康 関節、背中、首、胆のう、目に注意してください。頭痛もありそうです。ビタミンとミネラルにあふれた食事をしてください。

旅 旅はよいでしょう。旅によってバランスを実現し、楽しむことができるでしょう。後半がよさそうです。インドネシア、南アフリカが合っています。

食べ物 プラム、コーンを取り入れてください。

┃ライフレッスン数9の2019年

—— 思考、言葉、行動を一致させるとき

2019年、あなたにとってうまくいく可能性はあります。思考、言葉、行動を適切に一致させ、ベストな結果になる可能性があります。人と交渉する際、難しい質問への適切な回答が出てきて、無用な騒ぎにならずに実現できます。

仕事 リーダーシップ的役割、セールス、コミュニケーションとITなどに集中するとよいかもしれません。あなたは頭がよく、よいチャンスがあります。

恋愛 離れて静かにパートナーと過ごしたり、深くつながること、あなたにとっての癒しになります。贅沢をし、楽しむときです。

お金 あなたのやる気と行動力にもよりますが、中から上の好調さでしょう。行動をすればお金ももっと入ります。新しい

契約が強く出てくる時期であり、投資、株式などもよいでしょう。

健康 働きすぎ、自分を大切にしなければ問題になります。水分補給と休息を心がけてください。不眠の場合、集中力が欠け、頭、首、呼吸にプレッシャーを感じます。

旅 水のあるところへの旅、訪問、重要なカギになります。ブダペスト、東京などが合っています。

食べ物 キウイ、ブランなどを取り入れてください。

║ライフレッスン数9の2020年

—— 力を発揮するとき

2020年は力がわき、ゴールを達成しようというやる気にあふれます。ときに冷静で人に感情移入をせず、頑固に感じられることもあるかもしれません。職場とプライベートで人とより良く交渉をすることを学びます。説得力を持って真実を話すことが重要です。

仕事 仕事量が増え、忙しくなります。多くを達成でき、あなたの存在が気づかれます。それをベースに潜在力を広げるかどうかはあなた次第です。次の年以降に備えて統合していくときです。

恋愛 恋愛が高い優先順位となりますし、愛する人と時間を過ごすことがストレスの解放につながります。思考と行動を一致させれば、満足で幸せな時間を過ごせるでしょう。

お金 改善しますし、後半にはよりよくなります。後半に購入、

投資がよいでしょう。お金は全般的に大丈夫です。

健康 背中、首に注意です。マッサージ、ボディワーク、定期的な運動を心がけてください。胃腸が影響を受けやすく、フレッシュなジュースを飲み、カフェインの入っているものは少なめにしてください。

旅 よいでしょう。旅を計画し、楽しんでください。新しい人たちとの出会いが高まりますし、新しいことも学ぶでしょう。よい音楽がリラックスにつながります。バハマ、リオデジャネイロなどが合っています。

食べ物 チーズ、カリフラワーなどを取り入れてください。

訳者あとがき

マックス・コッパと出会い、すでに数年が経過しました。最初は、マックス・コッパから日本での活動を相談され、その素晴らしい鑑定能力を日本の多くの方に知ってもらおうということで日本での活動をともに始めました。

ここでマックス・コッパを詳しくご紹介したいと思います。

マックス・コッパは、イタリア人の父とスコットランド人の母親の間に生まれ、18歳のときに軍に入り、除隊後にフットボール選手として活躍し、引退後はコーチに就任しました。

その後、自営をしたり、いくつかの仕事を経験し、35年前にこの業界での仕事を始めました。

すでにオーストラリアのテレビ、雑誌などで活躍しており、数、手相に関するさまざまな本も出版しています。オーストラリアでは手相、数秘のエキスパートとして認知されています。数秘術と手相を使って多くの人のリーディングをしながら独自の解釈を加えて数秘術と手相リーディングを独自のものに変えてきました。

個人セッションでは、生年月日と手相をベースにさまざまな情報をサイキック的に引き出し、あらゆる質問に答えています。特に数秘術はタイミングを知る上で重要なツールになり、より正確にさまざまなことを知ることができるため、今回、日本で初めて出版する本を数秘術にしたそうです。「人生のすべては数によって計測され、計算されており、数を使うことが自分と人を知る最も

シンプルな方法であると信じています。使えば使うほど、そのパワーに気づく」といつも言っています。

マックスは数と手相に興味を持ち、それを使えば使うほど、さまざまなメッセージを数と手相を超えてお伝えすることができるようになったと言っていますので、今回、ヒカルランドから出版される数をベースにした新刊本をぜひ、使ってみてください。
新しい感覚が芽生えるかもしれません。自分、人をリーディングして使ってみてください。今回の本には掲載されていませんが、数秘術で合う場所、合う食べ物などを知ることも可能だそうです。

この本の出版に際してマックス・コッパに何か伝えたいことはあるかとたずねたところ、以下のコメントを送ってくれました。

「この本を使って自分を知ってください。自分を知れば知るほど、人生に対処しやすくなるのです。また、この本を使えば人にどう対処すればいいのかもわかります。そうやって人生を楽しく、有意義なものにしてください。完璧な人も完璧な数もありません。私たちすべての人間が何かに取り組むために生きているのです。数は誰もが使えるツールです。ぜひ、数を使ってシンプルにいろんなことを知ってください」

この最初の本を出版するにあたり、長い間、お世話になっておりますヒカルランドの石井さん、溝口さん、帯のコメントを書いてくださった辛酸なめ子さんに感謝したいと思います。

伊藤仁彦

マックス・コッパ　Max Coppa

手相鑑定、数秘術をベースにサイキック能力を使い、オーストラ
リアで最も知られ、信頼されているサイキックカウンセラーの一
人。おもにテレビ、雑誌を通じて活躍し、35年のキャリアを持つ。
また、個人セッション、ワークショップを世界中で開催し、一人
一人が持つ大きな潜在力に達するサポートをし続けている。
日本でのブログは http://ibok.jp/

伊藤仁彦　いとう　よしひこ
IBOK 株式会社代表。

未来運命Mapから現在をナビゲーション
[サイキック] 数秘リーディング
「ライフレッスン数×9年サイクル」で宇宙の流れに乗る！

第一刷 2017年12月19日

著者 マックス・コッパ

訳者 伊藤仁彦

発行人 石井健資

発行所 株式会社ヒカルランド
〒162-0821 東京都新宿区津久戸町3-11 TH1ビル6F
電話 03-6265-0852　ファックス 03-6265-0853
http://www.hikaruland.co.jp　info@hikaruland.co.jp

振替 00180-8-496587

本文・カバー・製本 中央精版印刷株式会社

DTP 株式会社キャップス

編集担当 溝口立太

落丁・乱丁はお取替えいたします。無断転載・複製を禁じます。
©2017 Itoh Yoshihiko　Printed in Japan
ISBN978-4-86471-589-8

東京で開催！
マックス・コッパの２時間ライブのお知らせ

35年以上の実績、オーストラリアで最も知られる世界的サイキックカウンセラー、マックス・コッパが日本初出版を記念して２時間ライブを開催します！

手相と数秘術の超エキスパート、マックス・コッパがその知られざるパワーと奥深き世界をお伝えするだけではなく、比類なきサイキック力を使って、できるだけ多くの参加者の方々に向け個人的なメッセージをお渡ししていきます。

自分を知ろうとする決意が、あなたのエネルギーを上昇させます。大きな宇宙の流れを感じとりながら、これを機会に、あなたらしく冒険的に生きるチャンスをつかみとりましょう──。エンターテイメント性にあふれたイベントです。皆さまのご参加をお待ちしております。

開催日時：2018年２月10日（土）午後７時から午後９時
開催場所：東京都北区王子１丁目11-1　北とぴあ
　　　　　（北とぴあ TEL 03-5390-1100）
会場：北とぴあ802会議室
参加費：5,000円
お申込み＆詳細：主催の IBOK Japan サイト
下記 URL マックス・コッパのコーナーまで
http://ibokjapan.com/

ヒカルランド 好評既刊!

地上の星☆ヒカルランド　銀河より届く愛と叡智の宅配便

第5の脳波エネルギー
宇宙直感でピピッと生きよう
著者:ウィリアム・レーネン
訳者:伊藤仁彦
四六ソフト　本体1,700円+税

よしもとばななさん推薦! ファン待望の「オンラインティーチング」最新ベスト版![スペシャル音楽CD付! Cheering & Relaxing Songs for Your Soul]。第5の脳波エネルギーを活性化させて、ハイアーセルフに身をゆだねると、奇跡は現実になります。宇宙直感(潜在力拡大)で、人生はもっと楽しくポジティブに変わる。実践アドバイス&エクササイズ満載!　人間関係、仕事、お金、将来……もうネガティブな反応(不安・不満・恐怖 etc.)から、キレイサッパリさよならしましょう!　第5の脳波エネルギーにアクセスして、ハイアーセルフの意図した生き方を実践すれば、本当の満足、喜び、幸せ、安定した未来がやってきます。水瓶座の時代、激変の今を自分らしく心豊かに生きるための魂のナビゲーションテキストです。色による直感・五感のエクササイズ/対外離脱のためのエクササイズ/部屋などにエネルギーを満たす方法/生まれた月で人の特徴や傾向を見ていきましょう/雲を見て、喜びを知るためのエクササイズ/10の種類のスピリットのお話……etc.

神楽坂ヒカルランド みらくる Shopping & Healing 大好評営業中!!

2017年3月のオープン以降、大きな反響を呼んでいる神楽坂ヒカルランドみらくる。音響免疫チェア、銀河波動チェア、AWG、メタトロン、元気充電マシン、ブレイン・パワー・トレーナーといった、日常の疲れから解放し、不調から回復へと導く波動健康機器の体感やソマチッド観察ができます。セラピーをご希望の方は、お電話または info@hikarulandmarket.com までご連絡先とご希望の日時（火・水を除く11：00〜の回、13：30〜の回、15：00〜の回、16：30〜の回、[月・木・金のみ18：00〜の回、19：30〜の回]）、施術名を明記の上ご連絡ください。調整の上、折り返しご連絡いたします。また、火・水曜は【カミの日特別セッション】を開催しており、新しい企画も目白押し！　詳細は神楽坂ヒカルランドみらくるのホームページ、ブログでご案内します。皆さまのお越しをスタッフ一同お待ちしております。

《みらくる Shopping & Healing》とは
- リフレッシュ
- 疲労回復
- 免疫アップ

など健康増進を目的としたヒーリングルーム

一番の特徴は、この Healing ルーム自体が、自然の生命活性エネルギーと肉体との交流を目的として創られていることです。
私たちの生活の周りに多くの木材が使われていますが、そのどれもが高温乾燥・薬剤塗布により微生物がいないため、本来もっているはずの薬効を封じられているものばかりです。

《みらくる Shopping & Healing》では、45℃のほどよい環境で、木材で作られた乾燥室でやさしくじっくり乾燥させた日本の杉材を床、壁面に使用しています。微生物が生きたままの杉材によって、部屋に居ながらにして森林浴が体感できます。
さらに従来のエアコンとはまったく異なるコンセプトで作られた特製の光冷暖房器を採用。この光冷暖房器は部屋全体に施された漆喰との共鳴反応によって、自然そのもののような心地よさを再現するものです。つまり、ここに来て、ここに居るだけで
1. リフレッシュ 2. 疲労回復 3. 免疫アップになるのです。

気軽に参加できて特典いっぱいの『みらくるで遊ぼう！ お茶会』やオラクルカードリーディングなども開催して（遊んで）います。
お気軽にご参加ください。

神楽坂ヒカルランド みらくる Shopping & Healing
〒162-0805　東京都新宿区矢来町111番地
地下鉄東西線神楽坂駅2番出口より徒歩2分
TEL：03-5579-8948
メール：info@hikarulandmarket.com
営業時間 [月・木・金] 11:00～最終受付 19:30 [土・日] 11:00
～最終受付 17:30（火・水 [カミの日] は特別セッションのみ）
※ Healing メニューは予約制、事前のお申込みが必要となります。
ホームページ：http://kagurazakamiracle.com/
ブログ：https://ameblo.jp/hikarulandmiracle/

本といっしょに楽しむ ハピハピ♥ Goods&Life ヒカルランド

◉ 水素風呂 リタライフ －Lita Life－

モニター価格として**月々3,500円（税別）**でレンタルいたします。（通常は5,000円税別）

※モニター会員として効果についてご報告をお願いした際に、ご協力いただける方に限ります。
※契約申込時、レンタル申込金7,000円（税別）がかかり、月額のお支払いは3ヶ月目からとなります。
※解約の際は、解約希望日の3ヶ月前までにお申し出が必要です。

人間は老化という生理現象から逃れられません。
細胞の劣化が老化の原因ですが、劣化原因に活性酸素があることが周知のこととなってきました。
なかでもヒドロキシルラジカルは糖質やタンパク質、脂質などのあらゆる物質と反応し、最も酸化力の強い、いわゆる悪玉活性酸素に変化してしまいます。

近年「水素」の還元力が細胞の酸化防止に極めて高い効力を有することが明らかになってきました。

水素は、水素水などの飲料水からでも十分に体内に取り込めることが期待できますが、研究が進展することで、水素水を飲む以上に水素風呂で水素を取り込むほうが、効率よく取り込むことができるといわれています。

水素風呂には錠剤タイプもありますが、長期的に水素を取り込もうとすれば、コスト面、水素の質、手軽さなどを考慮して電解式の水素発生器が最も便宜性の高いものとなります。

ご家庭でお気軽にご使用いただけるように、低価格でレンタルサービスのできる水素風呂リタライフをお薦めします。

水素水の生成にかかる費用は、機械のレンタル料のみ！ご家族みんなで使用しても同料金でお楽しみいただけます。※要別途電気料金

《みらくる Shopping & Healing》とは
- リフレッシュ
- 疲労回復
- 免疫アップ

など健康増進を目的としたヒーリングルーム

一番の特徴は、この Healing ルーム自体が、自然の生命活性エネルギーと肉体との交流を目的として創られていることです。
私たちの生活の周りに多くの木材が使われていますが、そのどれもが高温乾燥・薬剤塗布により微生物がいないため、本来もっているはずの薬効を封じられているものばかりです。

《みらくる Shopping & Healing》では、45℃のほどよい環境で、木材で作られた乾燥室でやさしくじっくり乾燥させた日本の杉材を床、壁面に使用しています。微生物が生きたままの杉材によって、部屋に居ながらにして森林浴が体感できます。
さらに従来のエアコンとはまったく異なるコンセプトで作られた特製の光冷暖房器を採用。この光冷暖房器は部屋全体に施された漆喰（しっくい）との共鳴反応によって、自然そのものような心地よさを再現するものです。つまり、ここに来て、ここに居るだけで
1. リフレッシュ 2. 疲労回復 3. 免疫アップになるのです。

気軽に参加できて特典いっぱいの『みらくるで遊ぼう！ お茶会』やオラクルカードリーディングなども開催して（遊んで）います。お気軽にご参加ください。

神楽坂ヒカルランド　みらくる Shopping & Healing
〒162-0805　東京都新宿区矢来町111番地
地下鉄東西線神楽坂駅2番出口より徒歩2分
TEL：03-5579-8948
メール：info@hikarulandmarket.com
営業時間［月・木・金］11：00〜最終受付 19：30［土・日］11：00
〜最終受付 17：30（火・水［カミの日］は特別セッションのみ）
※ Healing メニューは予約制、事前のお申込みが必要となります。
ホームページ：http://kagurazakamiracle.com/
ブログ：https://ameblo.jp/hikarulandmiracle/

本といっしょに楽しむ ハピハピ♥ Goods&Life ヒカルランド

◉ 水素風呂 リタライフ －Lita Life－

モニター価格として**月々3,500円（税別）**でレンタルいたします。（通常は5,000円税別）

※モニター会員として効果についてご報告をお願いした際に、ご協力いただける方に限ります。
※契約申込時、レンタル申込金7,000円（税別）がかかり、月額のお支払いは3ヶ月目からとなります。
※解約の際は、解約希望日の3ヶ月前までにお申し出が必要です。

人間は老化という生理現象から逃れられません。
細胞の劣化が老化の原因ですが、劣化原因に活性酸素があることが周知のこととなってきました。
なかでもヒドロキシルラジカルは糖質やタンパク質、脂質などのあらゆる物質と反応し、最も酸化力の強い、いわゆる悪玉活性酸素に変化してしまいます。

近年「水素」の還元力が細胞の酸化防止に極めて高い効力を有することが明らかになってきました。

水素は、水素水などの飲料水からでも十分に体内に取り込めることが期待できますが、研究が進展することで、水素水を飲む以上に水素風呂で水素を取り込むほうが、効率よく取り込むことができるといわれています。

水素風呂には錠剤タイプもありますが、長期的に水素を取り込もうとすれば、コスト面、水素の質、手軽さなどを考慮して電解式の水素発生器が最も便宜性の高いものとなります。

ご家庭でお気軽にご使用いただけるように、低価格でレンタルサービスのできる水素風呂リタライフをお薦めします。

水素水の生成にかかる費用は、機械のレンタル料のみ！ご家族みんなで使用しても同料金でお楽しみいただけます。※要別途電気料金

セット内容：本体・電極パーツ・電源コード
寸法：本体 幅185㎜×奥行き185㎜×高さ304㎜
電極パーツ：3ｍ　電源コード1.8m
重量：本体 1.85kg　電極パーツ 295ｇ
電源：AC100〜240Ｖ　50／60Hz　　消費電力：40W

水素風呂リタライフ － Lita Life － でお家のお風呂が変わります。

　１．誰でも簡単に操作ができます。
　２．30分で準備が完了します。
　３．５分〜10分で水素を吸収します。

日本人にとって入浴は毎日の習慣です。
そして入浴は、疲労回復や心身をリセット・リフレッシュさせます。
体温が上がることで血液循環も良くなります。
血液循環が良くなると栄養物質や酸素の供給、老廃物質の排泄促進につながります。

39〜41℃程度のぬるま湯に浸かって、ゆっくりと体を温めると疲労回復が早まり、血液循環や新陳代謝の活性化の効果と共に傷ついた細胞の修復も期待できます。

そんなお風呂の中で「水素」を発生させることで、さらに皮膚から直接「水素」を体内にとり入れることとなり、お家のお風呂が、天然温泉のように優れた場所になるのではないでしょうか。

リタライフ － Lita Life － のレンタルをご希望の方は、下記のどちらかの方法でヒカルランドパークまでご連絡をください。
電話：03−5225−2671
FAX：03−6265−0853
メールアドレス：info@hikarulandpark.jp
FAX・メールの場合は「リタライフ、レンタル希望」と明記の上、お名前・ふりがな・ご住所・電話番号・年齢・メールアドレスをご記入ください。

後日、リタライフの正式なレンタル契約書を、ご自宅に郵送いたします。

お申込み後、商品のお届けまで１ヶ月程度掛かる場合があります。ご了承ください。

【お問い合わせ先】ヒカルランドパーク

本といっしょに楽しむ ハピハピ♥ Goods&Life ヒカルランド

人気急上昇！セドナからの贈り物
食べるケイソウ土(珪藻土)「ナチュリカ」

■お試し　30g　2,160円（税込）
■お徳用　120g　7,560円（税込）

●原材料：ミネラル、二酸化ケイ素
※100%天然素材です。
●お召し上がり方：スプーン1〜3程度1日1〜3回、お好きな食べ物・飲み物にまぜてお召し上がりください。

ケイ素とミネラル90%以上の高純度

お客様の声からできたナチュリカのハミガキ粉
発泡剤、防腐剤、フッ素不使用。飲み込んでも安全

■デンタルペースト　60g　2,160円（税込）

●原材料：水、ケイソウ土、グリセリン、セルロースガム、乳酸桿菌/ダイコン根発酵液、海塩、グレープフルーツ果皮油、レモングラス油、ティートゥリー葉油、ハッカ油、ヒノチオール、グレープフルーツ種子エキス
※100%天然素材です。

✓ 土を食べる?! いえいえ植物「藻」の化石です

✓ 不純物を取り除いた高品質サラサラパウダー
　無味無臭だから料理に使いやすい！

✓ 高いデトックス力・嬉しいダイエット＆美容力

✓ こんな方におすすめです

■ ヒカルランド刊「水晶（珪素）化する地球人の秘密」を読んでケイ素が気になっていた
■ ヒカルランド刊「超微小生命体ソマチットと周波数」「ソマチッドがよろこびはじける秘密の周波数」「超微小《知性体》ソマチッドの衝撃」を読んでケイ素が気になっていた
■ 体内に貯まった有害物質や放射能をデトックスしたい
■ 最近、体重が増えてきてダイエットしたい
■ 爪が弱く、割れやすい
■ 白髪が増えた、薄毛、抜け毛が気になる
■ 髪にツヤ、ハリがなくなった
■ 肌のくすみ、シワが気になる
■ 季節によって肌が敏感になる
■ 歯と、歯ぐきのことが気になる、出血する
■ 冷えからくる肩こり、腰痛に悩んでいる
■ 更年期の症状がつらい
■ お試しで、ちょっとだけ使ってみたい

【お問い合わせ先】ヒカルランドパーク

本といっしょに楽しむ ハピハピ♥ Goods&Life ヒカルランド

カタカムナの宇宙エネルギーで丹田を守る

『瀬織津姫と
ムー大陸再浮上』
まありん著

まありん腹巻き
4,320円（税込）

カタカムナは超古代から日本に伝わる神代文字。ヲシテ文字は、縄文時代の神代文字で、どちらも宇宙のエネルギーを文字として表現しています。
２つとも超強力な形霊ですが、それを肌につけることでオーラ内にその形霊のエネルギーがインプリントされ、肉体レベルで宇宙エネルギーを体感できます。肌触りが良く、洗濯してもへたれません。カラダにぴったりフィットし、カラダをしっかり温めてくれます。よく伸びるので、どんな体型の方にもオススメです。縦に長さがありますので、２重に折り込んでお使いください。
寒さ対策はもちろん、妊婦さんや、妊活中の女性にも最適です。子宮を形霊パワーで温めて、胎児を守ったり、女性性をアップさせてください。身につけていただくことで肚と腰に力が入り、地に足が着くという声も頂いています。
●素材：国産綿97％、ナイロン２％、ポリウレタン１％
●カラー：赤

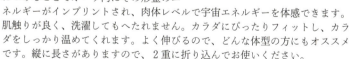

【お問い合わせ先】ヒカルランドパーク

本といっしょに楽しむ ハピハピ♥ Goods&Life ヒカルランド

シンクロニシティカード
著者：FUMITO、LICA
カード　本体3,000円＋税

今、あなたに必要なメッセージとエネルギーとは!?　2種類のカードを同時にシンクロさせて答えを導く、まったく新しい高次元宇宙からのオラクルカード誕生‼　高次元存在（天使たち）からの無限の愛あふれるメッセージカード33枚とカラーカード11枚（計44枚）で構成された2種類のカードを同時に引くことで、シンクロされた組合せが浮かび上がり、答えが導き出されます。目に見えない多次元意識体（UFO、オーブ、精霊たち）を映した貴重な写真も数多く使用され、高い波動とともに温かくサポートしています。大反響大増刷中！

こころ癒せばもっと加速する
奥平亜美衣の《あなたが本当に幸せになる》引き寄せカード
著者：奥平亜美衣、長谷川里佳
カード　本体3,700円＋税

「引き寄せの法則」のベストセラー作家・奥平亜美衣さんが贈る初めてのオラクルカード！
ベストセラー著書『あなたが本当に幸せになる方法』（ヒカルランド刊）とツインとなるカードです。亜美衣さんの引き寄せのエッセンスがすべて入った50の珠玉メッセージと、ヒーリングアーティストの長谷川里佳さん渾身の描き下ろしパステル画50枚のコラボレーション。──文と構成を亜美衣さん、イラストを長谷川さんが担当。かつてない《引き寄せオラクルカード》が誕生しました！　引いたカードを飾る「専用カードスタンド」付き！

ヒカルランドパーク取り扱い商品に関するお問い合わせ等は
メール：info@hikarulandpark.jp　　URL：http://hikarulandpark.jp/
電話：03-5225-2671（平日10-17時）

ヒカルランド 好評既刊!

地上の星☆ヒカルランド　銀河より届く愛と叡智の宅配便

世界は自分で創る〈上〉
著者：Happy
四六ソフト　本体1,620円+税

あなたが本当に《幸せ》になる方法
著者：奥平亜美衣
四六ソフト　本体1,685円+税

次元間トラベリング
著者：FUMITO／LICA
B6ソフト　本体1,556円+税

電波妻
著者：TAIZO
四六ソフト　本体1,667円+税

引き寄せの法則 もっと人生☆ワクワク楽しもう！
Universal Share Project Book ① 日比谷公会堂 9.21
著者：Happy　さとうみつろう　奥平亜美衣　LICA　FUMITO　Yakochan
四六ソフト　本体1,500円+税

引き寄せの法則 もっと人生☆ワクワク楽しもう！
Universal Share Project Book ② TOKYO DOME CITY HALL 10.2
著者：パム・グラウト　Happy　さとうみつろう　奥平亜美衣　LICA　FUMITO　Yakochan
四六ソフト　本体1,500円+税

ヒカルランド 近刊予告＆好評既刊！

地上の星☆ヒカルランド　銀河より届く愛と叡智の宅配便